SUPERFRUCHT-SCHALEN KOCHBUCH

Revitalisieren Sie Ihren Körper mit 100 einfach zuzubereitenden Bowls voller Superfrüchte

Else Hoffmann

Urheberrechtliches Material ©2023

Alle Rechte vorbehalten

Kein Teil dieses Buches darf in irgendeiner Form oder mit irgendwelchen Mitteln ohne die entsprechende schriftliche Zustimmung des Herausgebers und Urheberrechtsinhabers verwendet oder übertragen werden, mit Ausnahme von kurzen Zitaten, die in einer Rezension verwendet werden. Dieses Buch sollte nicht als Ersatz für medizinische, rechtliche oder andere professionelle Beratung betrachtet werden.

INHALTSVERZEICHNIS

INHALTSVERZEICHNIS 3
EINFÜHRUNG 6
AÇAÍ-SCHALEN 7
   1. Açaí-Bowl mit Kohl-Microgreens 8
   2. Açaí-Bowl mit Paranüssen 10
   3. Açaí-Beerenschale mit Granatapfel 12
   4. Açaí-Beerenschale mit Zitronengrasaufguss 14
   5. Açaí-Bowl mit Banane und Kokosnuss 16
   6. Açaí-Kirsch-Smoothie-Bowl 18
   7. Açaí-Schüssel mit Seemoos 20
   8. Açaí-Mango-Macadamia-Bowl 22
   9. Vitamin Boost Açaí Bowl 24
   10. Brasilianische Açaí-Bowl von Flower Power 26
KOKOSNUSSSCHALEN 28
   11. Kokosnuss-Quinoa-Frühstücksschalen 29
   12. Kokos-Acai-Bowl 31
   13. Kokos-Ananas-Schüssel 33
   14. Kokos-Mango-Bowl 35
   15. Kokosnuss-Beeren-Schüssel 37
   16. Kokos-Papaya-Schüssel 39
   17. Kokos-Kirsch-Bowl 41
   18. Kokos-Pfirsich-Schüssel 43
   19. Kokos-Beeren-Smoothie-Bowl 45
   20. Kokosnuss-Wassermelonenschale 47
KIWI-SCHALEN 49
   21. Kokos-Kiwi-Bowl 50
   22. Kiwi-Papaya-Schalen 52
   23. Kiwi Bowl mit Tofu und essbaren Blüten 54
   24. Obstschale mit asiatischen Aromen 56
   25. Schale mit Minz-Quinoa-Früchten 58
   26. Exotische Kiwi-Früchteschale 60
   27. Festliche Obstschale 62
   28. Spinat-, Kiwi- und Erdbeer-Bowl 64
   29. Quinoa-Taboulé-Bowl mit Kiwi 66
PITAYA-SCHALEN 68
   30. Drachenfrucht- und Müsli-Joghurt-Schüssel 69
   31. Pitaya-Beerenschale 71
   32. Pitaya-Bananenschale 73
   33. Pitaya Green Bowl 75
   34. Mit Pflaumenwein angereicherte Drachenfruchtschale 77

35. Exotische Obstschale 79
36. Drachenfrucht- und Kiwischale 81
37. Drachenfrucht mit Ingwer-Limetten-Dressing-Schüssel 83
38. Drachenfrucht- und Quinoa-Schüssel 86
39. Drachenfrucht- und Krabbenschale 88
40. Drachenfrucht-Waldorf-Schüssel 90

Granatapfelschalen 92
41. Granatapfel-Haferflocken-Schüssel 93
42. Hirse, Reis und Granatapfel 95
43. Rote Bete, Granatapfel und Rosenkohl aus dem Einmachglas ... 97
44. Lachs mit Granatapfel und Quinoa 99
45. Topinambur mit Granatapfel 101
46. Kohl- und Granatapfelschale 103
47. Karotten-Granatapfel-Schüssel 105
48. Kürbis- und Granatapfelschale 107

Grapefruitschalen 109
49. Zitrus-Radicchio-Schüssel mit Datteln 110
50. Rosa-rote Samtschale 112
51. Schüssel mit Grapefruit, Rüben und Blauschimmelkäse 114
52. Schichtfrische Obstschale 116
53. Grapefruit-Avocado-Schüssel 118

GOJI-BEERENSCHÜSSEL 120
54. Kokos-Quinoa-Frühstücksschalen 121
55. Mangold-, Goji-Beeren- und Pistazienschale 123
56. Goji-Avocado-Walnuss-Zitrusschale 125
57. Goji-Bowl mit Aloe-Vera-Dressing 127
58. Beef Bowl mit eingelegten Goji-Beeren 129
59. Squash-Goji-Schalen 132
60. Goji-Superfood-Joghurt-Bowl 134
61. Goji-Beeren-Smoothie-Bowl 136
62. Goji-Beeren-Haferflocken-Bowl 138
63. Goji-Beeren-Chia-Pudding-Schüssel 140
64. Tropische Smoothie-Bowl mit Goji-Beeren 142

GEGRILLTE OBSTSCHALEN 144
65. Schüssel mit gegrillter Birne und Blauschimmelkäse 145
66. Gegrillte Wassermelonenschale 147
67. Gegrillte Pfirsich-Rucola-Schüssel 149
68. Gegrillte Ananas-Avocado-Schüssel 151
69. Gegrillte Steinobstschale 153
70. Schüssel mit gegrillten Pfirsichen und Prosciutto 155
71. Schüssel mit gegrillter Ananas und Garnelen 157
72. Schüssel mit gegrillten Feigen und Halloumi 159

73. Gegrillte Limettenbananen 161
74. Gegrilltes Obst mit Mango-Relish 163
75. Gegrillter Obstteller 165
76. Gegrilltes Curry mit frischen Früchten 167
77. Gegrillte Mango-Salsa 169

GRÜNE SCHALEN 171
78. Grüne AçaÍ-Schüssel mit Früchten und Beeren 172
79. Grüne Göttinnenschale 174
80. Green Power Bowl 176
81. Grüne Avocadoschale 178
82. Grüne Matcha-Schüssel 180

PROTEINSCHALEN 182
83. Erdnussbutter-Bananenschüssel 183
84. Schokoladen-Protein-Bowl 185
85. Hüttenkäse-Obstschale 187
86. Tofu-Beerenschale 189
87. Tropische Protein-Fruchtschale 191
88. Berry Blast Protein-Obstschale 193
89. Schokoladen-Erdnussbutter-Protein-Obstschale 195

BUDHHA-SCHALEN 197
90. Buddha-Beerenschale 198
91. Buddha Grüne Obstschale 200
92. Buddha-Tropenfruchtschale 202
93. Buddha Erdnussbutter-Bananenschale 204
94. Buddha-Schokoladenschale 206
95. Apple Pie Farro Frühstücksschalen 208
96. Granatapfel- und Freekeh-Tabouleh-Schalen 210
97. Papayaschalen mit Vitamin C 212
98. Frühstücksschalen mit Brombeerhirse 214
99. Granatapfelkürbis-Frühstücksschalen 216
100. Pinke Grapefruit-, Hühnchen- und Gerstenschalen 218

ABSCHLUSS 221

EINFÜHRUNG

Willkommen in der Welt der SUPERFRUCHT-SCHALEN, wo Geschmack auf Nährwert trifft! Superfruit Bowls sind eine köstliche und einfache Möglichkeit, eine Vielzahl gesunder Zutaten in Ihre Ernährung zu integrieren. Diese Schalen sind vollgepackt mit nährstoffreichen Früchten, Samen und anderen Superfoods, was sie zu einer großartigen Wahl für alle macht, die ihre Gesundheit und ihr Wohlbefinden verbessern möchten. Ob Sie ein schnelles und einfaches Frühstück oder einen gesunden Snack suchen, Superfruit Bowls sind die perfekte Lösung.

In diesem Kochbuch haben wir eine Sammlung unserer Lieblingsrezepte für SUPERFRUCHT-SCHALEN zusammengestellt. Jedes Rezept ist einfach, leicht zuzubereiten und voller Nährstoffe. Wir haben eine Vielzahl verschiedener Früchte, Samen und Superfoods beigefügt, sodass Sie die Zutaten mischen und kombinieren können, um Ihre eigenen, einzigartigen Schüsseln zu kreieren. Egal, ob Sie ein erfahrener Gesundheitsliebhaber sind oder gerade erst anfangen, die Welt der Superfoods zu erkunden, wir hoffen, dass Sie Inspiration und Freude an diesen Rezepten finden.

AÇAÍ-SCHALEN

1. Açaí-Bowl mit Kohl-Microgreens

ZUTATEN:
- ½ Tasse Kohl-Microgreens
- 1 gefrorene Banane
- 1 Tasse gefrorene rote Beeren
- 4 Esslöffel Açaí-Pulver
- ¾ Tasse Mandel- oder Kokosmilch
- ½ Tasse griechischer Naturjoghurt
- ¼ Teelöffel Mandelextrakt

GARNIERUNG:
- Geröstete Kokosflocken
- Frisches Obst wie Pfirsichscheiben, Blaubeeren, Himbeeren, Brombeeren, Erdbeeren oder Kirschen.
- Müsli oder geröstete Nüsse/Samen
- Ein Spritzer Honig

ANWEISUNGEN:

a) Milch und Joghurt in einem großen Hochleistungsmixer mixen. Fügen Sie die gefrorenen Früchte Açaí, Kohl-Microgreens und Mandelextrakt hinzu. Bei niedriger Temperatur weiter mixen, bis eine glatte Masse entsteht, nur bei Bedarf weitere Flüssigkeit hinzufügen. Es sollte DICK und cremig sein, wie Eis!

b) Teilen Sie den Smoothie auf zwei Schüsseln auf und belegen Sie ihn mit Ihren Lieblingszutaten.

2. Açaí-Bowl mit Paranüssen

ZUTATEN:
- ½ Tasse Paranüsse
- 2 Aprikosen, eingeweicht
- 1½ Tassen Wasser
- 1 Esslöffel Açaí-Pulver
- ¼ Tasse Brombeeren, gefroren
- 1 Prise Salz

ANWEISUNGEN:
a) Paranüsse mit Wasser vermischen und durch ein Sieb passieren.
b) Mit allen anderen Zutaten vermischen.

3. Açaí-Beerenschale mit Granatapfel

ZUTATEN:
- 8 Unzen gefrorenes Açaí-Püree, aufgetaut
- 1 Tasse gefrorene Himbeeren
- 1 Tasse gefrorene Blaubeeren
- 1 Tasse gefrorene Brombeeren
- 1 Tasse gefrorene Erdbeeren
- ½ Tasse Granatapfelkerne
- 1½ Tasse Granatapfelsaft

ANWEISUNGEN:

a) Kombinieren Sie Açaí, Himbeeren, Blaubeeren, Brombeeren, Erdbeeren und Granatapfelkerne in einer großen Schüssel. Verteilen Sie die Mischung auf 4 Gefrierbeutel mit Reißverschluss. Bis zum Servieren bis zu einem Monat einfrieren.

b) Geben Sie den Inhalt eines Beutels in einen Mixer, fügen Sie eine großzügige ⅓ Tasse Granatapfelsaft hinzu und mixen Sie, bis eine glatte Masse entsteht. Sofort servieren.

4. Açaí-Beerenschale mit Zitronengrasaufguss

ZUTATEN:

- 2 Esslöffel frische Himbeeren
- 2 Esslöffel frische Brombeeren
- 2 Esslöffel frische Blaubeeren
- 2 Esslöffel frische schwarze Johannisbeeren
- 2 Teelöffel Açaí-Beerenpulver
- 800 ml Zitronengrasaufguss, kalt
- etwas Mineralwasser
- ein Schuss Ahornsirup oder eine Prise Steviapulver

ANWEISUNGEN:

a) Geben Sie die frischen Beeren und das Açaí-Beerenpulver in einen Mixer oder eine Küchenmaschine, fügen Sie den Zitronengrasaufguss hinzu und mixen Sie alles zu einer glatten, seidigen Konsistenz.

b) Fügen Sie bei Bedarf etwas Mineralwasser hinzu, um die gewünschte Konsistenz zu erreichen.

5. Açaí-Bowl mit Banane und Kokosnuss

ZUTATEN:
- ¾ Tasse Apfelsaft
- ½ Tasse Kokosjoghurt
- 1 Banane
- 2 Tassen gefrorene gemischte Beeren
- 150 g gefrorenes Açaí-Püree

BELAGS:
- Erdbeeren
- Banane
- Granola
- Kokosnussflocken
- Erdnussbutter

ANWEISUNGEN:
a) Geben Sie den Apfelsaft und den Kokosjoghurt in Ihren Mixer.
b) Geben Sie die restlichen Zutaten hinzu und verschließen Sie den Deckel. Wählen Sie Stufe 1 und erhöhen Sie langsam die Stufe auf Stufe 10. Drücken Sie die Zutaten mit dem Stößel in die Klingen und mixen Sie sie 55 Sekunden lang oder bis sie glatt und cremig sind.

6. Açaí-Kirsch-Smoothie-Bowl

ZUTATEN:
- 4 Esslöffel Kokosjoghurt
- ½ Tasse löffelbarer gefrorener Açaí
- 2 Bananen, frisch oder gefroren
- ½ Tasse gefrorene Kirschen
- 1 cm großes Stück frischen Ingwer

BELAGS:
- Cashewbutter
- Kokosjoghurt
- Feige, geschnitten
- Dunkle Schokoladenstücke
- Blaubeeren
- Kirschen

ANWEISUNGEN:

a) Geben Sie zuerst Ihren Kokosjoghurt hinzu, bevor Sie die restlichen Zutaten in den Mixbehälter geben und den Deckel verschließen.

b) 55 Sekunden lang auf höchster Stufe mixen, bis eine cremige Masse entsteht. In Ihre Lieblings-Kokosnussschale füllen, mit den Toppings belegen und genießen!

7. Açaí-Schüssel mit Seemoos

ZUTATEN:
- Meeresmoos
- Açaí-Beerenpüree
- ½ Tasse Müsli
- 2 Esslöffel Maca-Pulver
- 2 Esslöffel Kakaopulver
- 1 Esslöffel Mandelbutter
- Obst Ihrer Wahl
- Zimt

ANWEISUNGEN:
a) Mischen Sie Ihre Zutaten und fügen Sie oben etwas frisches Obst hinzu.
b) Genießen.

8. Açaí-Mango-Macadamia-Bowl

ZUTATEN:
- ½ Açaí-Püree
- 1 gefrorene Banane
- ½ Tasse gefrorene Mango
- ¼ Tasse Macadamianussmilch
- Eine Handvoll Cashewnüsse
- 2 Zweige Minze
- Belag: Mangoscheiben, Bananenscheiben, geröstete Kokosnussscheiben

ANWEISUNGEN:
a) Alle Zutaten mixen, belegen und die Mango-Macadamia-Açaí-Bowl genießen!

9. Vitamin Boost Açaí Bowl

ZUTATEN:
- ½ Açaí-Püree
- 1 Tasse Blaubeeren
- ½ reife Avocado
- 1 Tasse Kokoswasser oder milchfreie Milch
- ½ Tasse milchfreier Joghurt
- 1 Esslöffel Nussbutter
- 1 Esslöffel Kokosöl

ANWEISUNGEN:
a) Alles in einen Mixer geben und genießen.
b) Wenn Sie daraus eine Schüssel machen möchten: Fügen Sie mehr Açaí-Püree und eine gefrorene Banane hinzu.
c) Mischen Sie alles, bis es dickflüssig ist, gießen Sie es in eine Schüssel und belegen Sie es mit Ihren frischen Lieblingsfrüchten.

10. Flower Power brasilianische Açaí-Bowl

ZUTATEN:
FÜR DIE AÇAÍ
- 200 g gefrorenes Açaí
- ½ Banane, gefroren
- 100 ml Kokoswasser oder Mandelmilch

Toppings
- Granola
- Essbare Blumen
- ½ Banane, gehackt
- ½ Esslöffel roher Honig
- Granatapfelsamen
- Kokosraspeln
- Pistazien

ANWEISUNGEN:
a) Geben Sie einfach Açaí und Banane in eine Küchenmaschine oder einen Mixer und mixen Sie alles, bis eine glatte Masse entsteht.
b) Je nachdem, wie leistungsstark Ihre Maschine ist, müssen Sie möglicherweise etwas Flüssigkeit hinzufügen, damit es cremig wird. Beginnen Sie mit 100 ml und fügen Sie nach Bedarf weitere hinzu.
c) In eine Schüssel füllen, Toppings hinzufügen und genießen!

KOKOSNUSSSCHALEN

11. Kokos-Quinoa-Frühstücksbowls

ZUTATEN:

- 1 Esslöffel Kokosöl
- 1½ Tassen rote oder schwarze Quinoa, abgespült
- 14-Unzen-Dose ungesüßte leichte Kokosmilch
- 4 Tassen Wasser
- Feines Meersalz
- Esslöffel Honig, Agavensirup oder Ahornsirup
- 2 Teelöffel Vanilleextrakt
- Kokosjoghurt
- Blaubeeren
- Goji-Beeren
- Geröstete Kürbiskerne
- Geröstete ungesüßte Kokosflocken

ANWEISUNGEN:

a) Das Öl in einem Topf bei mittlerer Hitze erhitzen. Quinoa dazugeben und etwa 2 Minuten rösten, dabei häufig umrühren. Die Dose Kokosmilch, das Wasser und eine Prise Salz langsam einrühren. Der Quinoa wird zunächst Blasen bilden und spritzen, setzt sich aber schnell ab.

b) Zum Kochen bringen, dann abdecken, die Hitze reduzieren und etwa 20 Minuten köcheln lassen, bis eine zarte, cremige Konsistenz erreicht ist. Vom Herd nehmen und Honig, Agavendicksaft, Ahornsirup und Vanille unterrühren.

c) Zum Servieren die Quinoa auf Schüsseln verteilen. Mit zusätzlicher Kokosmilch, Kokosjoghurt, Blaubeeren, Goji-Beeren, Kürbiskernen und Kokosflocken belegen.

12. Kokos-Acai-Bowl

ZUTATEN:

- 1 Packung gefrorenes Acai-Püree
- 1/2 gefrorene Banane
- 1/2 Tasse Kokosmilch
- 1/4 Tasse gefrorene Blaubeeren
- 1 EL Honig
- Belag: Bananenscheiben, Kokosraspeln, Müsli und frische Beeren.

ANWEISUNGEN:

a) Acai-Püree, gefrorene Banane, Kokosmilch, Blaubeeren und Honig in einem Mixer glatt rühren.
b) Gießen Sie die Mischung in eine Schüssel und fügen Sie die Toppings hinzu.

13. Kokos-Ananas-Schüssel

ZUTATEN:
- 1/2 Tasse gefrorene Ananas
- 1/2 Tasse Kokosmilch
- 1/2 gefrorene Banane
- 1 EL Chiasamen
- Belag: Bananenscheiben, frische Ananasstücke, Kokosraspeln und Müsli.

ANWEISUNGEN:
a) Die gefrorene Ananas, die Kokosmilch, die gefrorene Banane und die Chiasamen in einem Mixer glatt rühren.
b) Gießen Sie die Mischung in eine Schüssel und fügen Sie die Toppings hinzu.

14. Kokos-Mango-Bowl

ZUTATEN:

- 1/2 Tasse gefrorene Mango
- 1/2 Tasse Kokosmilch
- 1/2 gefrorene Banane
- 1 EL Hanfsamen
- Belag: Bananenscheiben, frische Mangostücke, Kokosraspeln und Müsli.

ANWEISUNGEN:

a) Die gefrorene Mango, die Kokosmilch, die gefrorene Banane und die Hanfsamen in einem Mixer glatt rühren.

b) Gießen Sie die Mischung in eine Schüssel und fügen Sie die Toppings hinzu.

15. Kokosnuss-Beerenschale

ZUTATEN:

- 1/2 Tasse gefrorene gemischte Beeren
- 1/2 Tasse Kokosmilch
- 1/2 gefrorene Banane
- 1 EL Mandelbutter
- Belag: Bananenscheiben, frische Beeren, Kokosraspeln und Müsli.

ANWEISUNGEN:

a) Die gefrorenen gemischten Beeren, die Kokosmilch, die gefrorene Banane und die Mandelbutter in einem Mixer glatt rühren.

b) Gießen Sie die Mischung in eine Schüssel und fügen Sie die Toppings hinzu.

16. Kokos-Papaya-Schüssel

ZUTATEN:
- 1/2 Tasse gefrorene Papaya
- 1/2 Tasse Kokosmilch
- 1/2 gefrorene Banane
- 1 EL Chiasamen
- Belag: Bananenscheiben, frische Papayastücke, Kokosraspeln und Müsli.

ANWEISUNGEN:
a) Die gefrorene Papaya, die Kokosmilch, die gefrorene Banane und die Chiasamen in einem Mixer glatt rühren.
b) Gießen Sie die Mischung in eine Schüssel und fügen Sie die Toppings hinzu.

17. Kokosnuss-Kirschschale

ZUTATEN:
- 1/2 Tasse gefrorene Kirschen
- 1/2 Tasse Kokosmilch
- 1/2 gefrorene Banane
- 1 EL Kakaonibs
- Belag: Bananenscheiben, frische Kirschen, Kokosraspeln und Müsli.

ANWEISUNGEN:

Die gefrorenen Kirschen, die Kokosmilch, die gefrorene Banane und die Kakaonibs in einem Mixer glatt rühren. Gießen Sie die Mischung in eine Schüssel und fügen Sie die Toppings hinzu.

18. Kokos-Pfirsich-Schüssel

ZUTATEN:
- 1/2 Tasse gefrorene Pfirsiche
- 1/2 Tasse Kokosmilch
- 1/2 gefrorene Banane
- 1 EL Macadamianüsse
- Belag: Bananenscheiben, frische Pfirsichscheiben, Kokosraspeln und Müsli.

ANWEISUNGEN:

Die gefrorenen Pfirsiche, die Kokosmilch, die gefrorene Banane und die Macadamianüsse in einem Mixer glatt rühren. Gießen Sie die Mischung in eine Schüssel und fügen Sie die Toppings hinzu.

19. Kokosnuss-Beeren-Smoothie-Bowl

ZUTATEN:
- 1 Tasse gefrorene gemischte Beeren
- 1/2 Tasse Kokosmilch
- 1 gefrorene Banane
- 1 EL Honig
- Belag: Bananenscheiben, frische Beeren, Kokosraspeln und Müsli.

ANWEISUNGEN:

Die gefrorenen gemischten Beeren, die Kokosmilch, die gefrorene Banane und den Honig in einem Mixer glatt rühren. Gießen Sie die Mischung in eine Schüssel und fügen Sie die Toppings hinzu.

20. Kokosnuss-Wassermelonenschale

ZUTATEN:
- 1 Tasse gefrorene Wassermelonenstücke
- 1/2 Tasse Kokosmilch
- 1/2 gefrorene Banane
- 1 EL Minzblätter
- Belag: Bananenscheiben, frische Wassermelonenstücke, Kokosraspeln und Müsli.

ANWEISUNGEN:

a) Die gefrorenen Wassermelonenstücke, die Kokosmilch, die gefrorene Banane und die Minzblätter in einem Mixer glatt rühren. Gießen Sie die Mischung in eine Schüssel und fügen Sie die Toppings hinzu.

KIWI-SCHALEN

21. Kokos-Kiwi-Bowl

ZUTATEN:
- 1/2 Tasse gefrorene Kiwi
- 1/2 Tasse Kokosmilch
- 1/2 gefrorene Banane
- 1 EL Leinsamen
- Belag: Bananenscheiben, frische Kiwischeiben, Kokosraspeln und Müsli.

ANWEISUNGEN:

a) Die gefrorene Kiwi, die Kokosmilch, die gefrorene Banane und die Leinsamen in einem Mixer glatt rühren.

b) Gießen Sie die Mischung in eine Schüssel und fügen Sie die Toppings hinzu.

22. Kiwi-Papaya-Schalen

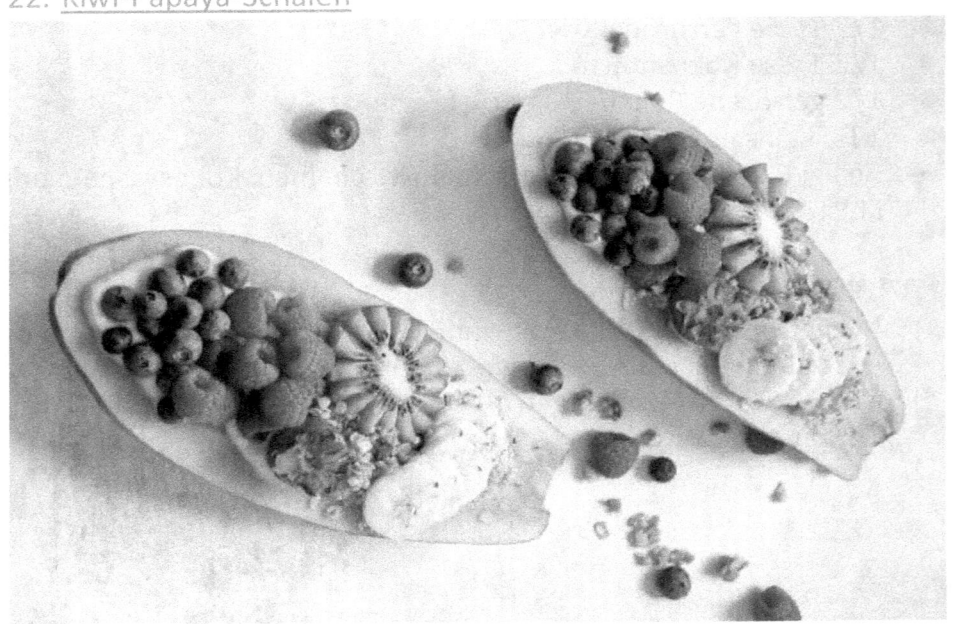

ZUTATEN:

- 4 Esslöffel Amaranth, geteilt
- 2 kleine reife Papayas
- 2 Tassen Kokosjoghurt
- 2 Kiwis, geschält und gewürfelt
- 1 große rosa Grapefruit, geschält und segmentiert
- 1 große Nabelorange, geschält und segmentiert
- Hanfsamen
- Schwarze Sesamsamen

ANWEISUNGEN:

a) Erhitzen Sie einen hohen, breiten Topf mehrere Minuten lang bei mittlerer bis hoher Hitze. Überprüfen Sie, ob die Pfanne heiß genug ist, indem Sie ein paar Amaranthkörner hinzufügen. Sie sollten innerhalb weniger Sekunden zittern und platzen. Wenn nicht, erhitzen Sie die Pfanne noch eine Minute und testen Sie es erneut. Wenn die Pfanne heiß genug ist, 1 Esslöffel Amaranth hinzufügen.

b) Die Körner sollten innerhalb weniger Sekunden anfangen zu platzen.

c) Decken Sie den Topf ab und schütteln Sie ihn gelegentlich, bis alle Körner aufgeplatzt sind. Gießen Sie den gepoppten Amaranth in eine Schüssel und wiederholen Sie den Vorgang mit dem restlichen Amaranth, jeweils 1 Esslöffel.

d) Schneiden Sie die Papayas der Länge nach vom Stiel bis zum Schwanz in zwei Hälften, entfernen Sie dann die Kerne und entsorgen Sie sie. Füllen Sie jede Hälfte mit gepopptem Amaranth und Kokosjoghurt.

e) Mit Kiwi-, Grapefruit- und Orangenstücken belegen und mit Hanfsamen und Sesamkörnern bestreuen.

23. Kiwi Bowl mit Tofu und essbaren Blüten

ZUTATEN:
FÜR DEN SOMMERSALAT:
- 2 Köpfe Buttersalat
- 1 Pfund Feldsalat
- 2 goldene Kiwis verwenden Sie grüne, wenn goldene nicht verfügbar sind
- 1 Handvoll essbare Blüten optional – ich habe Nachtkerzen aus meinem Garten verwendet
- 1 Handvoll Walnüsse
- 2 Teelöffel Sonnenblumenkerne optional
- 1 Zitrone

FÜR DEN TOFU-FETA:
- 1 Block Tofu, den ich extrafest verwendet habe
- 2 Esslöffel Apfelessig
- 2 Esslöffel frischer Zitronensaft
- 2 Esslöffel Knoblauchpulver
- 2 Esslöffel Zwiebelpulver
- 1 Teelöffel Dill frisch oder trocken
- 1 Prise Salz

ANWEISUNGEN:
a) In einer Schüssel den extra festen Tofu in Würfel schneiden, alle anderen Zutaten dazugeben und mit einer Gabel zerdrücken.
b) In einen verschlossenen Behälter füllen und einige Stunden im Kühlschrank aufbewahren.
c) Ordnen Sie zum Servieren die größeren Blätter auf dem Boden Ihrer großen Schüssel an: den Buttersalat und den Feldsalat darauf.
d) Die Kiwis in Scheiben schneiden und auf die Salatblätter legen.
e) Streuen Sie einige Walnüsse und Sonnenblumenkerne in die Schüssel.
f) Pflücken Sie Ihre essbaren Blumen sorgfältig. Platzieren Sie sie vorsichtig um Ihren Salat.
g) Nehmen Sie den Tofu-Feta aus dem Kühlschrank, jetzt sollten Sie ihn einschneiden/zerbröseln können. Legen Sie rundherum ein paar große Stücke darauf.
h) Eine halbe Zitrone auspressen und die andere Hälfte auf den Tisch bringen, um etwas davon hinzuzufügen.

24. Obstschale mit asiatischen Aromen

ZUTATEN:

- 8-Unzen-Dose Litschis, verpackt in Sirup
- Saft von 1 Limette
- 1 Teelöffel Limettenschale
- 2 Teelöffel Zucker
- 1/4 Tasse Wasser
- 1 reife Mango, geschält, entkernt und in 1/2-Zoll-Würfel geschnitten
- 1 asiatische Birne, entkernt und in 1/2-Zoll-Würfel geschnitten
- 2 Bananen, geschält und in 1/4-Zoll-Segmente geschnitten
- 1 Kiwis, geschält und in 1/4-Zoll-Segmente geschnitten
- 1 Esslöffel zerstoßene ungesalzene gegrillte Erdnüsse

ANWEISUNGEN:

a) Den Litschisirup in einen kleinen Topf geben.
b) Den Litschisirup mit Limettensaft und -schale sowie Zucker und Wasser bei schwacher Hitze erhitzen, bis sich der Zucker aufgelöst hat. Zum Kochen bringen, dann vom Herd nehmen. Abkühlen lassen.
c) Mango, Birne, Bananen und Kiwis zum Litschis-Gericht hinzufügen.
d) Mit einem Spritzer des aufbewahrten Sirups und einer Handvoll Erdnüssen servieren.

25. Mint-Quinoa-Obstschale

ZUTATEN:

- ¼ Teelöffel Salz
- 6 Unzen Quinoa, ungekocht
- ⅓ Tasse Minze, gehackt
- ¼ Tasse Joghurt
- 2 Esslöffel Orangensaft
- 1½ Tassen Erdbeeren, in Scheiben geschnitten
- 2 mittelgroße Kiwis
- 1 Tasse Mandarinen

ANWEISUNGEN:

a) In einem mittelgroßen Topf 2 Tassen Wasser und Salz zum Kochen bringen und Quinoa hinzufügen.
b) Reduzieren Sie die Hitze auf eine niedrige Stufe und lassen Sie das Quinoa 15 Minuten lang köcheln, bis es glasig ist.
c) In einer Küchenmaschine oder einem Mixer Minze, Joghurt und Saft vermischen und pürieren, bis eine glatte Masse entsteht. Beiseite legen.
d) Sechs Erdbeerscheiben und drei Kiwischeiben zum Garnieren beiseite legen. In einer großen Servierschüssel die restlichen Erdbeeren, die restlichen Kiwis und die Mandarinenstücke vermischen.
e) Die Fruchtmischung mit Joghurtsoße übergießen und verrühren. Gekochte Quinoa hinzufügen und vorsichtig umrühren, bis alles gut vermischt ist.
f) Mit reservierten Erdbeer- und Kiwischeiben garnieren. Abgedeckt 2 Stunden im Kühlschrank lagern, bis es vollständig abgekühlt ist.

26. Exotische Kiwi-Fruchtschale

ZUTATEN:

- 6 Kiwis, geschält und geschnitten
- 2 Bananen, geschält und geschnitten
- 2 Esslöffel Puderzucker
- 2 Esslöffel Zitronensaft
- ½ Teelöffel Vanilleextrakt
- ¼ Teelöffel gemahlenes chinesisches 5-Gewürze-Pulver
- ½ Himbeeren
- Mango
- Ananas
- Puderzucker
- Minzblätter

ANWEISUNGEN:

a) Zucker, Zitronensaft, Vanille und chinesisches 5-Gewürze-Pulver verquirlen, je nach Geschmack mehr oder weniger Zutaten hinzufügen.
b) Mangos und Himbeeren dazugeben und vermengen.
c) Ordnen Sie die Kiwis kurz vor dem Servieren kreisförmig am äußeren Rand jedes der 4 Dessertteller an. Ordnen Sie einen inneren Kreis aus Bananenscheiben an, die die Kiwis überlappen, und lassen Sie in der Mitte des Desserttellers Platz.
d) Mazerierte Himbeeren und Mangos in die Mitte geben, mit Puderzucker bestäuben und mit Minzblättern garnieren.

27. Festliche Obstschale

ZUTATEN:

- 1 Dose Ananasstücke
- ½ Tasse) Zucker
- 3 Esslöffel Allzweckmehl
- Je 1 Ei, leicht geschlagen
- 2 Dosen Mandarinen
- 1 Dose Birnen
- Jeweils 3 Kiwis
- 2 große Äpfel
- 1 Tasse Pekannusshälften

ANWEISUNGEN:

a) Ananas abtropfen lassen, Saft auffangen. Ananas beiseite stellen. Gießen Sie den Saft in einen kleinen Topf und fügen Sie Zucker und Mehl hinzu. Zum Kochen bringen.
b) Ei schnell einrühren und kochen, bis es eingedickt ist. Vom Herd nehmen und abkühlen lassen.
c) Kalt stellen. In einer großen Schüssel Ananas, Orangen, Birnen, Kiwi, Äpfel und Pekannüsse vermischen. Dressing darübergießen und gut vermischen. Abdecken und 1 Stunde kalt stellen.

28. Spinat-, Kiwi- und Erdbeerschüssel

ZUTATEN:

- 2 Bund Spinat, gewaschen und zerzupft
- 2 Kiwis, geschält und in Scheiben geschnitten
- 1 Liter Erdbeeren, geschält und in Scheiben geschnitten
- Dressing:
- 2 Esslöffel Sesamsamen
- 1 Esslöffel Mohn
- ¼ Tasse Apfelessig
- ¼ Tasse Kristallzucker
- ½ Tasse Salatöl
- 1 Teelöffel Worcestershire-Sauce
- ½ Teelöffel Paprika
- 4 Teelöffel gehackte Zwiebel

ANWEISUNGEN:

a) Die Zutaten für das Dressing in einem Glas vermischen. Abdecken und gut schütteln. Stehen lassen, um die Aromen zu vermischen.
b) Zum Servieren den Spinat in eine Schüssel geben.
c) Kiwis und Erdbeeren hinzufügen. Mit Dressing vermengen.

29. Quinoa-Taboulé-Bowl mit Kiwi

ZUTATEN:

- 1 ½ Tassen Kiwi-Quinoa, ungekocht
- 1 ½ Tassen frische Kräuter
- ½ kleine rote Zwiebel, gehackt
- Saft von 2 Zitronen
- ⅓ Tasse natives Olivenöl extra
- Salz und Pfeffer nach Geschmack

ANWEISUNGEN:

a) Spülen Sie 1½ Tassen Kiwi-Quinoa ab und geben Sie sie mit 6 Tassen Wasser in einen Topf. Mit einem Deckel abdecken und zum Kochen bringen. Die Hitze reduzieren und etwa 20 Minuten köcheln lassen, bis sich die Quinoa-Schwänze lösen. Überschüssiges Wasser abseihen und abkühlen lassen.

b) In einer kleineren Schüssel die frisch gehackten Kräuter, die roten Zwiebeln und den Zitronensaft vermischen – 5 Minuten marinieren lassen und dann das Olivenöl hinzufügen. Die Kräutermischung und das Kiwi-Quinoa vermischen und vermischen.

c) Mit Salz und Pfeffer abschmecken.

PITAYA-SCHALEN

30. Drachenfrucht- und Müsli-Joghurt-Schüssel

ZUTATEN:
- 1 Drachenfrucht
- 1 Tasse griechischer Joghurt
- 1/2 Tasse Müsli
- 1 EL Honig

ANWEISUNGEN:
a) Die Drachenfrucht halbieren und das Fruchtfleisch herauslöffeln.
b) In einer Schüssel griechischen Joghurt und Honig vermischen.
c) In einer separaten Schüssel das Drachenfruchtfleisch, die griechische Joghurtmischung und das Müsli schichten.
d) Wiederholen Sie die Schichten, bis alle Zutaten verbraucht sind.
e) Gekühlt servieren.

31. Pitaya-Beerenschale

ZUTATEN:

- 1 gefrorene Pitaya-Packung
- 1/2 Tasse gefrorene gemischte Beeren
- 1/2 gefrorene Banane
- 1/2 Tasse Mandelmilch
- Belag: frische Beeren, Bananenscheiben, Müsli und Kokosraspeln.

ANWEISUNGEN:

a) Die gefrorene Pitaya-Packung, die gefrorenen gemischten Beeren, die gefrorene Banane und die Mandelmilch in einem Mixer glatt rühren.
b) Gießen Sie die Mischung in eine Schüssel und fügen Sie die Toppings hinzu.

32. Pitaya-Bananenschale

ZUTATEN:
1 gefrorene Pitaya-Packung
1 gefrorene Banane
1/2 Tasse Kokosmilch
1 EL Honig
Belag: Bananenscheiben, Müsli und Kokosraspeln.

ANWEISUNGEN:
Die gefrorene Pitaya-Packung, die gefrorene Banane, die Kokosmilch und den Honig in einem Mixer glatt rühren. Gießen Sie die Mischung in eine Schüssel und fügen Sie die Toppings hinzu.

33. Grüne Pitaya-Schüssel

ZUTATEN:
- 1 gefrorene Pitaya-Packung
- 1/2 gefrorene Banane
- 1/2 Tasse gefrorene Ananas
- 1/2 Tasse Spinat
- 1/2 Tasse Kokoswasser
- Belag: Bananenscheiben, frische Beeren, Müsli und Kokosraspeln.

ANWEISUNGEN:
a) Die gefrorene Pitaya-Packung, die gefrorene Banane, die gefrorene Ananas, den Spinat und das Kokoswasser in einem Mixer glatt rühren.
b) Gießen Sie die Mischung in eine Schüssel und fügen Sie die Toppings hinzu.

34. Mit Pflaumenwein angereicherte Drachenfruchtschale

ZUTATEN:
- 2 weiße Drachenfrüchte
- 2½ Tassen Pflaumenwein
- 1 Körbchen Blaubeeren
- 300 g schwarze Weintrauben, kernlos
- 2 Limette
- 2 Teelöffel Puderzucker

ANWEISUNGEN:
SALAT
a) Die Drachenfrucht der Länge nach halbieren. Mit dem kleineren Ende eines Melonenausstechers so viele Drachenfruchtbällchen wie möglich formen. Geben Sie die zu Kugeln geformte Drachenfrucht in ein Glas oder eine Schüssel und gießen Sie Pflaumenwein über die Drachenfrucht, bis sie vollständig eingetaucht ist. Für mindestens 24 Stunden in den Kühlschrank stellen. Abtropfen lassen und beiseite stellen.
b) Blaubeeren waschen, trocken tupfen und beiseite stellen.
c) Kernlose schwarze Weintrauben halbieren oder dritteln, wenn sie recht groß sind. Beiseite legen.
d) 2 Limetten abreiben. Limettenschale mit Puderzucker vermischen.
MONTAGE
e) In einer mittelgroßen Rührschüssel die Drachenfrucht, Blaubeeren und schwarzen Weintrauben vorsichtig vermischen.
f) Den Obstsalat auf einen Servierteller legen.
g) Großzügig mit Limettenschale und Zuckermischung bestreuen.
h) Sofort servieren.

35. Exotische Obstschale

ZUTATEN:
- 2 reife Mangos, Papayas oder
- 6 Kiwis, geschält und geschnitten
- 2 Bananen, geschält und geschnitten
- 2 Esslöffel Puderzucker
- 2 Esslöffel Zitronensaft oder Honig
- ½ Teelöffel Vanilleextrakt
- ¼ Teelöffel gemahlenes chinesisches 5-Gewürze-Pulver
- ½ Himbeeren
- 1 Drachenfrucht, gewürfelt
- Puderzucker
- Minzblätter

ANWEISUNGEN:
a) Zucker, Zitronensaft oder Honig, Vanille und chinesisches 5-Gewürze-Pulver verquirlen.
b) Alle Früchte unterheben.
c) Mit Puderzucker bestäuben und mit Minzblättern garnieren.

36. Drachenfrucht- und Kiwischale

ZUTATEN:

- 1 Drachenfrucht, halbiert, ausgehöhlt und gewürfelt
- 1 Kiwi, geschält und in Scheiben geschnitten
- ½ Tasse Blaubeeren
- ½ Tasse Himbeeren
- ½ Tasse Erdbeeren

ANWEISUNGEN:

a) Schaufeln Sie das Fruchtfleisch der Drachenfrucht vorsichtig mit einem Löffel heraus und lassen Sie die Schale intakt, um sie als Servierschüssel zu verwenden.

b) Drachenfrüchte, Kiwis und Erdbeeren würfeln.

c) Mischen und als Schüssel wieder in die Pitaya-Schale geben.

37. Drachenfrucht mit Ingwer-Limetten-Dressing-Schüssel

ZUTATEN:
FÜR DEN SALAT
- 2 Drachenfrüchte
- 1 Papaya
- 2 Kiwis
- 1 Körbchen Blaubeeren
- 1 Körbchen Erdbeeren

FÜR DAS KLEID
- ½ Tasse Limettensaft (frisch gepresst)
- 2 Esslöffel Ingwer (frisch gerieben)
- 2 Esslöffel brauner Zucker

ANWEISUNGEN:
a) Waschen Sie die Drachenfrucht und schneiden Sie sie der Länge nach in zwei Hälften. Ich finde es einfacher, das Fruchtfleisch mit einem großen Löffel herauszulöffeln, aber Sie können die Schale auch vorsichtig vom Fruchtfleisch lösen. Legen Sie die Drachenfrucht mit der Vorderseite nach unten auf Ihr Schneidebrett und schneiden Sie sie in mundgerechte Würfel.

b) Waschen Sie die Papaya und schälen Sie sie mit einem Gemüseschäler. Schneiden Sie sie der Länge nach in zwei Hälften, löffeln Sie dann die Kerne mit einem Löffel heraus und spülen Sie sie ab, um alle Kerne zu entfernen. Mit der Vorderseite nach unten auf ein Schneidebrett legen und in mundgerechte Würfel schneiden.

c) Die Kiwis waschen, schälen, der Länge nach vierteln und in mundgerechte Stücke schneiden.

d) Legen Sie Ihre Erdbeeren in ein Sieb und spülen Sie sie unter leicht fließendem kaltem Wasser gut ab, um sie nicht zu beschädigen. Da Erdbeeren leicht Wasser aufnehmen, empfiehlt es sich, sie zu waschen und anschließend zu schälen.

e) Klopfen Sie vorsichtig auf den Boden des Siebs im Spülbecken, damit das Wasser abfließen kann, und tupfen Sie es trocken. Schälen Sie die Beeren und schneiden Sie sie dann je nach Größe in zwei Hälften oder Viertel.

f) Geben Sie die Blaubeeren in ein separates Sieb und spülen Sie sie unter leicht fließendem kaltem Wasser gut ab. Klopfen Sie das Sieb aus und tupfen Sie es trocken.

g) Alle Zutaten für das Dressing in einen mit Glas verschlossenen Behälter geben und gut schütteln.

h) Probieren Sie es und passen Sie es nach Ihren Wünschen an. Dies ist ein kräuteriges, säuerliches Dressing. Wenn Sie etwas Süßeres bevorzugen, fügen Sie dann etwas mehr Zucker, Honig oder Ahornsirup hinzu.

i) Geben Sie die Früchte, Beeren und das Dressing in eine große Rührschüssel und vermischen Sie alles gut. In einer Schüssel anrichten und mit Kokosjoghurt oder Eis servieren.

38. Drachenfrucht- und Quinoa-Schüssel

ZUTATEN:
- 1 Drachenfrucht
- 2 Tassen gekochte Quinoa
- ½ Tasse zerbröckelter Feta-Käse
- ½ Tasse gehackte Gurke
- ½ Tasse gehackte Kirschtomaten
- 2 Esslöffel gehackte frische Minze
- 2 Esslöffel Olivenöl
- 1 Esslöffel Honig
- Salz und Pfeffer nach Geschmack

ANWEISUNGEN:
a) Die Drachenfrucht halbieren und das Fruchtfleisch herauslöffeln.
b) In einer großen Schüssel Quinoa, Feta-Käse, Gurke, Kirschtomaten und Minze vermischen.
c) In einer separaten Schüssel Olivenöl, Honig, Salz und Pfeffer verrühren.
d) Das Dressing unter die Quinoa-Mischung heben, bis alles gut vermischt ist.
e) Das Fruchtfleisch der Drachenfrucht unterheben.
f) Gekühlt auf einem Salatbett oder gemischtem Gemüse servieren.

39. Drachenfrucht- und Krabbenschale

ZUTATEN:
- 1 Drachenfrucht, gewürfelt
- ½ Pfund Krabbenfleischklumpen
- ¼ Tasse Mayonnaise
- ¼ Tasse griechischer Joghurt
- 2 Esslöffel gehackter Schnittlauch
- 1 Esslöffel Zitronensaft
- Salz und Pfeffer nach Geschmack

ANWEISUNGEN:

a) In einer mittelgroßen Schüssel Mayonnaise, griechischen Joghurt, Schnittlauch, Zitronensaft, Salz und Pfeffer vermischen.

b) Die gewürfelten Drachenfrüchte und das Krabbenfleisch vorsichtig unterheben.

c) Vor dem Servieren mindestens 30 Minuten kalt stellen.

40. Drachenfrucht Waldorfschale

ZUTATEN:
- 1 Stück Drachenfrucht reif, in Würfel geschnitten
- 1 Stück grüner Apfel in Würfel schneiden
- 1 Stück roter Apfel in Würfel schneiden
- ½ Tasse rote Weintrauben, halbiert
- ¼ Tasse Koriander gehackt
- ⅓ Tasse griechischer Joghurt
- 2 Esslöffel Mayonnaise ohne Ei
- 1 Teelöffel Limettensaft
- 2 Teelöffel Honig
- ½ Teelöffel Salz
- ½ Teelöffel geriebener Ingwer
- 2 Esslöffel Mandeln gehackt
- 2 Esslöffel Cashewnüsse gehackt
- 1 Esslöffel gehackte Walnüsse
- 5-6 Blattsalat

ANWEISUNGEN:
a) In eine Schüssel gewürfelte Drachenfrucht, roten Apfel und grünen Apfel geben.
b) In einer anderen kleinen Schüssel Joghurt, Honig, Mayonnaise, Salz, Ingwer und Limettensaft verrühren.
c) Das vorbereitete Dressing über die gewürfelten Früchte gießen.
d) Als nächstes fügen Sie Weintrauben, gehackte Mandeln, Cashewnüsse, Walnüsse und Koriander hinzu.
e) Alles vermengen und darauf achten, dass das Dressing die Früchte gut bedeckt.
f) Den Salat mindestens 30 Minuten kühl stellen. Kalt über einem Salatbett servieren

Granatapfelschalen

41. Granatapfel-Haferflocken-Bowl

ZUTATEN:

- 1 Tasse normaler Hafer
- 2 Tassen Mandelmilch
- ¼ Teelöffel Vanilleextrakt
- 6 Esslöffel Granatapfelkerne
- ¼ Teelöffel gemahlener Zimt
- Ahornsirup darüberträufeln

ANWEISUNGEN:

a) Mandelmilch auf niedriger Stufe zum Kochen bringen.
b) Haferflocken hinzufügen, umrühren und die Hitze auf eine niedrige bis mittlere Temperatur reduzieren.
c) 5 bis 10 Minuten kochen lassen.
d) Vanille und Zimt unterrühren.
e) In 2 Schüsseln servieren.
f) Mit den Granatapfel-Ariels und einem Schuss Ahornsirup belegen.

42. Hirse, Reis und Granatapfel

ZUTATEN:

- 2 Tassen dünner Pohe
- 1 Tasse gepuffte Hirse oder Reis
- 1 Tasse dicke Buttermilch
- ½ Tasse Granatapfelstücke
- 5 - 6 Curryblätter
- ½ Teelöffel Senfkörner
- ½ Teelöffel Kreuzkümmelsamen
- ⅛ Teelöffel Asafoetida
- 5 Teelöffel Öl
- Zucker nach Belieben
- Salz nach Geschmack
- Frische oder getrocknete Kokosnuss – geraspelt
- Frische Korianderblätter

ANWEISUNGEN:

a) Das Öl erhitzen und dann die Senfkörner hinzufügen.
b) Fügen Sie die Kreuzkümmelsamen, Asafoetida und Curryblätter hinzu, wenn sie aufplatzen.
c) Den Pohe in eine Schüssel geben.
d) Öl, Gewürzmischung, Zucker und Salz untermischen.
e) Wenn der Pohe abgekühlt ist, vermischen Sie ihn mit Joghurt, Koriander und Kokosnuss.
f) Mit Koriander und Kokosnuss garniert servieren.

43. Rote Bete, Granatapfel und Rosenkohl im Einmachglas

ZUTATEN:

- 3 mittelgroße Rüben
- 1 Esslöffel Olivenöl
- Koscheres Salz und frisch gemahlener schwarzer Pfeffer nach Geschmack
- 1 Tasse Farro
- 4 Tassen Babyspinat oder Grünkohl
- 2 Tassen Rosenkohl, in dünne Scheiben geschnitten
- 3 Clementinen, geschält und segmentiert
- ½ Tasse Pekannüsse, geröstet
- ½ Tasse Granatapfelkerne

HONIG-DIJON-ROTWEIN-VINAIGRETTE

- ¼ Tasse natives Olivenöl extra
- 2 Esslöffel Rotweinessig
- ½ Schalotte, gehackt
- 1 Esslöffel Honig
- 2 Teelöffel Vollkornsenf
- Koscheres Salz und frisch gemahlener schwarzer Pfeffer nach Geschmack

ANWEISUNGEN:

a) Heizen Sie den Ofen auf 400 Grad F vor. Legen Sie ein Backblech mit Folie aus.
b) Die Rüben auf die Folie legen, mit Olivenöl beträufeln und mit Salz und Pfeffer würzen.
c) Falten Sie alle 4 Seiten der Folie zusammen, sodass ein Beutel entsteht. 35 bis 45 Minuten backen, bis es weich ist; abkühlen lassen, etwa 30 Minuten.
d) Reiben Sie die Rüben mit einem sauberen Papiertuch ab, um die Schale zu entfernen. in mundgerechte Stücke würfeln.
e) Den Farro nach Packungsanweisung kochen und abkühlen lassen.
f) Teilen Sie die Rüben in 4 Weithalsgläser mit Deckel auf. Mit Spinat oder Grünkohl, Farro, Rosenkohl, Clementinen, Pekannüssen und Granatapfelkernen belegen.

FÜR DIE VINAIGRETTE:

g) Olivenöl, Essig, Schalotte, Honig, Senf und 1 Esslöffel Wasser verrühren; Mit Salz und Pfeffer abschmecken. Abdecken und bis zu 3 Tage im Kühlschrank lagern.
h) Zum Servieren die Vinaigrette in jedes Glas geben und schütteln. Sofort servieren.

44. Lachs mit Granatapfel und Quinoa

ZUTATEN:
- 4 Lachsfilets, ohne Haut
- ¾ Tasse Granatapfelsaft, zuckerfrei
- ¼ Tasse Orangensaft, zuckerfrei
- 2 Esslöffel Orangenmarmelade/Konfitüre
- 2 Esslöffel Knoblauch, gehackt
- Salz und Pfeffer nach Geschmack
- 1 Tasse Quinoa, gekocht
- Einige Zweige Koriander

ANWEISUNGEN:
a) In einer mittelgroßen Schüssel Granatapfelsaft, Orangensaft, Orangenmarmelade und Knoblauch vermischen. Mit Salz und Pfeffer würzen und den Geschmack nach Belieben anpassen.
b) Ofen auf 400F vorheizen. Die Auflaufform mit weicher Butter einfetten. Legen Sie den Lachs auf die Backform und lassen Sie zwischen den Filets einen Abstand von 2,5 cm.
c) Den Lachs 8-10 Minuten kochen. Anschließend die Pfanne vorsichtig aus dem Ofen nehmen und die Granatapfelmischung einfüllen. Stellen Sie sicher, dass die Oberseite des Lachses gleichmäßig mit der Mischung bedeckt ist. Legen Sie den Lachs wieder in den Ofen und kochen Sie ihn weitere 5 Minuten oder bis er vollständig gegart ist und die Granatapfelmischung eine goldene Glasur angenommen hat.
d) Während der Lachs kocht, bereiten Sie das Quinoa zu. 2 Tassen Wasser bei mittlerer Hitze zum Kochen bringen und das Quinoa hinzufügen. 5–8 Minuten kochen lassen oder bis das Wasser aufgesogen ist. Den Herd ausschalten, den Quinoa mit einer Gabel auflockern und den Deckel wieder aufsetzen. Lassen Sie die übriggebliebene Hitze das Quinoa weitere 5 Minuten kochen.
e) Geben Sie den mit Granatapfel glasierten Lachs auf eine Servierplatte und streuen Sie etwas frisch gehackten Koriander darüber. Den Lachs mit Quinoa servieren.

45. Topinambur mit Granatapfel

ZUTATEN:

- 500g Topinambur
- 3 Esslöffel natives Olivenöl extra
- 1 Teelöffel Schwarzkümmelsamen
- 2 Esslöffel Pinienkerne
- 1 Esslöffel Honig
- 1 Granatapfel, längs halbiert
- 3 Esslöffel Granatapfelmelasse
- 3 Esslöffel Feta, zerbröckelt
- 2 Esslöffel glatte Petersilie, gehackt
- Salz und schwarzer Pfeffer

ANWEISUNGEN:

a) Heizen Sie den Ofen auf 200 °C/400 °F/Gas Stufe 6 vor. Schrubben Sie die Artischocken gut und halbieren oder vierteln Sie sie dann je nach Größe. Legen Sie sie in einer einzigen Schicht auf ein großes Backblech und beträufeln Sie sie mit 2 Esslöffeln Öl. Gut mit Salz und Pfeffer würzen und anschließend mit den Schwarzkümmelsamen bestreuen. 20 Minuten lang rösten, bis die Ränder knusprig sind. Pinienkerne und Honig für die letzten 4 Minuten des Garvorgangs zu den Artischocken geben.

b) In der Zwischenzeit die Granatapfelkerne herausschlagen. Schlagen Sie mit einer großen Schüssel und einem schweren Holzlöffel auf die Seite jedes halbierten Granatapfels, bis alle Kerne herausgeplatzt sind. Entfernen Sie jegliches Mark. Gießen Sie den Saft in eine kleine Schüssel und fügen Sie den Granatapfelsirup und das restliche Olivenöl hinzu. Zusammenrühren, bis alles gut vermischt ist.

c) Wenn die Artischocken und Pinienkerne fertig sind, auf einer Servierplatte verteilen und mit den Kernen bestreuen. Das Dressing über alles gießen und zum Schluss mit einer Prise Feta und Petersilie bestreuen.

46. Kohl- und Granatapfelschale

ZUTATEN:

- 1 Tasse Kohl – gerieben
- ½ Granatapfel, Kerne entfernt
- ¼ Esslöffel Senfkörner
- ¼ Esslöffel Kreuzkümmelsamen
- 4–5 Curryblätter
- Asafoetida kneifen
- 1 Esslöffel Öl
- Salz und Zucker nach Geschmack
- Zitronensaft nach Geschmack
- Frische Korianderblätter

ANWEISUNGEN:

a) Granatapfel und Kohl vermischen.
b) Die Senfkörner mit dem Öl in einer Pfanne erhitzen.
c) Kreuzkümmel, Curryblätter und Asafoetida in die Pfanne geben.
d) Die Gewürzmischung mit dem Kohl vermischen.
e) Zucker, Salz und Zitronensaft hinzufügen und gründlich vermischen.
f) Mit Koriander garniert servieren.

47. Karotten-Granatapfel-Schüssel

ZUTATEN:
- 2 Karotten – gerieben
- ½ Granatapfel, Kerne entfernt
- ¼ Esslöffel Senfkörner
- ¼ Esslöffel Kreuzkümmelsamen
- 4–5 Curryblätter
- Asafoetida kneifen
- 1 Esslöffel Öl
- Salz und Zucker nach Geschmack
- Zitronensaft – nach Geschmack
- Frische Korianderblätter

ANWEISUNGEN:
a) Granatapfel und Karotte vermischen.
b) Die Senfkörner mit dem Öl in einer Pfanne erhitzen.
c) Kreuzkümmel, Curryblätter und Asafoetida hinzufügen.
d) Die Gewürzmischung mit der Karotte vermischen.
e) Zucker, Salz und Zitronensaft hinzufügen.
f) Mit Koriander garniert servieren.

48. Kürbis- und Granatapfelschale

ZUTATEN:
- 1 kleiner Kürbis, in Stücke geschnitten, geschält und entkernt
- 1 Esslöffel Olivenöl
- Samen von 1 Granatapfel
- 100g Spinat und Rucolablätter
- Eine Handvoll frische Minze
- Eine große Handvoll frischer Koriander
- 3 große Karotten, geschält und gerieben
- 2 Orangen, geschält, geschält und in Scheiben geschnitten
- Schale von 1 Zitrone
- 20g Walnuss- oder Pinienkerne
- 20g Datteln, gehackt
- Salz und schwarzer Pfeffer

FÜR DAS KLEID
- 2 Esslöffel Agavensirup
- Saft einer halben Orange
- Saft einer halben Zitrone
- 1 Esslöffel Walnussöl

ANWEISUNGEN:

a) Heizen Sie den Ofen auf 180 °C/350 °F/Gasstufe 4 vor. Bestreichen Sie die Kürbisstücke mit Olivenöl und würzen Sie sie mit Salz und Pfeffer. In eine Bratform geben und etwa 40 Minuten lang backen, bis sie weich sind. Etwas abkühlen lassen.

b) Ordnen Sie die Salatblätter auf dem Boden Ihres Serviertellers an. Minze- und Korianderblätter fein hacken und mit den geriebenen Karotten vermischen. Mit etwas Salz und Pfeffer würzen und dann über die Blätter schichten.

c) Die Orangenscheiben darauflegen. Die gerösteten Kürbisstücke hinzufügen, dann die Granatapfelkerne sowie die Walnuss- und Dattelstücke.

d) Die Zutaten für das Dressing in einer kleinen Schüssel vermengen und zum Servieren über den Salatteller träufeln.

Grapefruitschalen

49. Zitrus-Radicchio-Schüssel mit Datteln

ZUTATEN:
- 2 rote Grapefruits
- 3 Orangen
- 1 Teelöffel Zucker
- ½ Teelöffel Speisesalz
- 3 Esslöffel natives Olivenöl extra
- 1 kleine Schalotte, gehackt
- 1 Teelöffel Dijon-Senf
- 1 kleiner Kopf Radicchio (6 Unzen), halbiert, entkernt und in dünne Scheiben geschnitten
- ⅔ Tasse gehackte entkernte Datteln, geteilt
- ½ Tasse geräucherte Mandeln, gehackt, geteilt

ANWEISUNGEN:

a) Schneiden Sie Schale und Mark von Grapefruits und Orangen ab. Jede Frucht von Stange zu Stange halbieren und dann quer in ¼ Zoll dicke Scheiben schneiden.

b) In eine Schüssel geben, mit Zucker und Salz vermischen und 15 Minuten ruhen lassen.

c) Die Früchte in einem feinmaschigen Sieb über einer Schüssel abtropfen lassen und dabei 2 Esslöffel Saft auffangen. Ordnen Sie die Früchte gleichmäßig auf einer Servierplatte an und beträufeln Sie sie mit Öl.

d) Den Zitronensaft, die Schalotte und den Senf in einer mittelgroßen Schüssel verquirlen.

e) Radicchio, ⅓ Tasse Datteln und ¼ Tasse Mandeln hinzufügen und vorsichtig umrühren. Mit Salz und Pfeffer abschmecken.

f) Verteilen Sie die Radicchio-Mischung auf den Früchten und lassen Sie an den Rändern einen 2,5 cm breiten Fruchtrand frei.

g) Mit der restlichen ⅓ Tasse Datteln und der restlichen ¼ Tasse Mandeln bestreuen. Aufschlag.

50. Rosa rote Samtschale

ZUTATEN:
SALAT
- 4 ganze Karotten
- ⅓ mittelgroße rote Zwiebel, in Scheiben geschnitten
- 1 große Rübe
- 1 rosa Grapefruit, geschnitten
- 1 Handvoll grob gehackte Pistazien

VINAIGRETTE
- ½ Tasse Olivenöl
- ¼ Tasse Reisweinessig
- 1 Teelöffel Senf
- 1 Teelöffel Ahornsirup
- 1-2 Knoblauchzehen, gehackt
- Salz und Pfeffer nach Geschmack

ANWEISUNGEN:

a) Schneiden Sie Ihre Rüben in mittelgroße Spalten und legen Sie sie in einen mikrowellengeeigneten Behälter, decken Sie sie ab und stellen Sie sie in die Mikrowelle, bis sie mit einer Gabel weich sind.

b) Schneiden Sie mit einem Karottenschäler lange Streifen von jeder Karotte ab, bis Sie das Kerngehäuse erreichen und nicht mehr rasieren können. Bewahren Sie die Kerne für den späteren Verzehr auf.

c) Geben Sie alle Salatzutaten außer den Pistazien in eine große Schüssel.

d) Alle Zutaten für das Dressing in eine andere Schüssel geben und verrühren, bis eine Emulgierung entsteht.

e) Wenn Sie bereit sind, den Salat zu servieren, geben Sie so viel Dressing darüber, dass er bedeckt ist, und bewahren Sie den Rest für den morgigen Salat auf.

f) Die Pistazien darüber streuen und schon kann es losgehen.

51. Schüssel mit Grapefruit, Rüben und Blauschimmelkäse

ZUTATEN:
- ½ Bund Brunnenkresse; grobe Stängel wegwerfen
- 1 Grapefruit
- 1 Unze Blauschimmelkäse; in kleine dünne Scheiben schneiden
- 2 geschälte, gekochte Rüben, grob gerieben
- 4 Teelöffel natives Olivenöl extra
- 1 Esslöffel Balsamico-Essig
- Grobes Salz nach Geschmack
- Grob gemahlener Pfeffer nach Geschmack

ANWEISUNGEN:

a) Die Brunnenkresse auf zwei Salatteller verteilen und Grapefruitstücke und Käse dekorativ darauf verteilen.

b) In einer kleinen Schüssel Rüben, 2 Teelöffel Öl und Essig vermischen und auf die Salate verteilen.

c) Salate mit restlichem Öl beträufeln und mit Salz und Pfeffer würzen.

52. Geschichtete frische Obstschale

ZUTATEN:
- ½ Teelöffel geriebene Orangenschale
- ⅔ Tasse Orangensaft
- ½ Teelöffel abgeriebene Zitronenschale
- ⅓ Tasse Zitronensaft
- ⅓ Tasse hellbrauner Zucker
- 1 Zimtstange

FRUCHTSALAT:
- 2 Tassen gewürfelte frische Ananas
- 2 Tassen geschnittene frische Erdbeeren
- 2 mittelgroße Kiwis, geschält und in Scheiben geschnitten
- 3 mittelgroße Bananen, in Scheiben geschnitten
- 2 mittelgroße Orangen, geschält und in Scheiben geschnitten
- 1 mittelgroße rote Grapefruit, geschält und in Scheiben geschnitten
- 1 Tasse kernlose rote Weintrauben

ANWEISUNGEN:

a) Kochen Sie die ersten 6 Zutaten in einem Topf. Die Hitze reduzieren und dann 5 Minuten ohne Deckel köcheln lassen.

b) Vollständig abkühlen lassen und dann die Zimtstange wegwerfen.

c) In einer großen Glasschüssel Schichten aus Früchten formen. Mit der Saftmischung darüber verteilen.

d) Anschließend abdecken und mehrere Stunden im Kühlschrank aufbewahren.

53. Grapefruit- und Avocado-Bowl

ZUTATEN:
- 1 Grapefruit, segmentiert
- 1 Avocado, in Scheiben geschnitten
- 2 Tassen gemischtes Grün
- ¼ Tasse geschnittene rote Zwiebel
- 2 Esslöffel Olivenöl
- 1 Esslöffel Honig
- 1 Esslöffel Weißweinessig
- Salz und Pfeffer nach Geschmack

ANWEISUNGEN:

a) In einer großen Rührschüssel das gemischte Gemüse und die roten Zwiebeln vermischen.

b) In einer separaten Schüssel Olivenöl, Honig, Weißweinessig, Salz und Pfeffer verrühren, um das Dressing herzustellen.

c) Die Grapefruitsegmente und Avocadoscheiben mit dem gemischten Grün und den roten Zwiebeln in die Rührschüssel geben.

d) Das Dressing darüber träufeln und alles vermischen.

e) Sofort servieren.

GOJI-BEERENSCHÜSSEL

54. Kokos-Quinoa-Frühstücksbowls

ZUTATEN:

- 1 Esslöffel Kokosöl
- 1½ Tassen rote oder schwarze Quinoa, abgespült
- 14-Unzen-Dose ungesüßte leichte Kokosmilch, plus mehr zum Servieren
- 4 Tassen Wasser
- Feines Meersalz
- Esslöffel Honig, Agavensirup oder Ahornsirup
- 2 Teelöffel Vanilleextrakt
- Kokosjoghurt
- Blaubeeren
- Goji-Beeren
- Geröstete Kürbiskerne
- Geröstete ungesüßte Kokosflocken

ANWEISUNGEN:

d) Das Öl in einem Topf bei mittlerer Hitze erhitzen. Quinoa dazugeben und etwa 2 Minuten rösten, dabei häufig umrühren. Die Dose Kokosmilch, das Wasser und eine Prise Salz langsam einrühren. Der Quinoa wird zunächst Blasen bilden und spritzen, setzt sich aber schnell ab.

e) Zum Kochen bringen, dann abdecken, die Hitze reduzieren und etwa 20 Minuten köcheln lassen, bis eine zarte, cremige Konsistenz erreicht ist. Vom Herd nehmen und Honig, Agavendicksaft, Ahornsirup und Vanille unterrühren.

f) Zum Servieren die Quinoa auf Schüsseln verteilen. Mit zusätzlicher Kokosmilch, Kokosjoghurt, Blaubeeren, Goji-Beeren, Kürbiskernen und Kokosflocken belegen.

55. Mangold, Goji-Beeren und Pistazienschale

ZUTATEN:
- 2 Esslöffel Olivenöl
- 1 kleine rote Zwiebel, gehackt
- 2 Knoblauchzehen, gehackt
- 1 Bund Regenbogen-Mangold, fein gehackt
- Salz und frisch gemahlener schwarzer Pfeffer
- 1/3 Tasse Goji-Beeren
- 1/3 Tasse ungesalzene geschälte Pistazien

ANWEISUNGEN:

a) In einer großen Pfanne das Öl bei mittlerer Hitze erhitzen. Fügen Sie die Zwiebel hinzu, decken Sie sie ab und kochen Sie sie etwa 5 Minuten lang, bis sie weich ist. Fügen Sie den Knoblauch hinzu und kochen Sie ihn unter Rühren 30 Sekunden lang, bis er weich wird.

b) Den Mangold hinzufügen und unter Rühren 3 bis 4 Minuten kochen, bis er zusammengefallen ist. Mit Salz und Pfeffer abschmecken und ohne Deckel unter gelegentlichem Rühren ca. 5 bis 7 Minuten garen, bis es weich ist.

c) Goji-Beeren und Pistazien dazugeben und vermengen. Sofort servieren.

56. Goji-Avocado-Walnuss-Zitrusschale

ZUTATEN:
- 4 Tassen Salatblätter
- 1 Avocado, in Scheiben geschnitten
- 1 Orange, geschält, in Scheiben geschnitten
- ½ Tasse Walnüsse
- ½ Tasse frische oder getrocknete Goji-Beeren

DRESSING
- 1 Esslöffel natives Olivenöl extra
- ½ Zitrone, entsaftet
- ¼ Teelöffel Meersalz
- ¼ Teelöffel frisch gemahlene Pfefferkörner

ANWEISUNGEN:

a) Alles vermischen, mit dem Dressing beträufeln und servieren!

57. Goji-Bowl mit Aloe-Vera-Dressing

ZUTATEN:

- ¼ Tasse Aloe Vera Saft
- Saft von 1 Limette
- ½ Tasse Goji-Beeren
- 2 Esslöffel gefriergetrocknete Granatapfelkerne
- Trauben, Äpfel, Blaubeeren, Erdbeeren oder frisches Obst Ihrer Wahl

ANWEISUNGEN:

a) Alle Früchte in Stücke schneiden und in eine Servierschüssel geben.
b) Alle weiteren Zutaten hinzufügen, sorgfältig umrühren und servieren!

58. Beef Bowl mit eingelegten Goji-Beeren

ZUTATEN:
- 2 Rib-Eye-Steaks
- Cashew-Dressing

FÜR DIE MARINADE:
- Schale von 2 Limetten
- 3 Esslöffel Limettensaft
- 2 Knoblauchzehen, gehackt
- 1 Esslöffel frisch geriebener Ingwer
- 1 Esslöffel Honig
- 2 Teelöffel Fischsauce
- 1 Esslöffel geröstetes Sesamöl
- 2 Esslöffel Pflanzenöl

FÜR DIE EINGELEGTEN GOJI-BEEREN:
- 3 Esslöffel Apfelessig, erwärmt
- 2 Teelöffel Honig
- ½ Teelöffel feines Salz
- ⅓ Tasse Goji-Beeren

FÜR DEN SALAT:
- 4 Minigurken, in dünne Scheiben geschnitten
- 1 kleiner Rotkohl, zerkleinert
- 1 kleiner Grünkohl, zerkleinert
- 2 Karotten, geschält und dünn gehobelt
- 4 Frühlingszwiebeln, fein geschnitten
- 1 rote Chilischote, Kerne abgekratzt und fein geschnitten
- Jeweils eine halbe Tasse frische Minze, Koriander und Basilikum
- 2 Esslöffel geröstete Sesamkörner zum Schluss
- ¼ Teelöffel getrocknete rote Chiliflocken

ANWEISUNGEN:

a) Für die Marinade alle Zutaten in eine kleine Rührschüssel geben und verrühren.

b) Legen Sie die Steaks in eine nicht reaktive Schüssel. Die Hälfte der Marinade darüberträufeln. Abdecken und mehrere Stunden lang im Kühlschrank marinieren lassen. Bewahren Sie die übrig gebliebene Marinade auf, um den Salat anzurichten.

c) Für die eingelegten Goji-Beeren alle Zutaten in einer Schüssel vermischen. Zum Mazerieren 30 Minuten ruhen lassen.

d) Bringen Sie die marinierten Steaks vor dem Grillen auf Zimmertemperatur. Erhitzen Sie einen Le Creuset 30 cm Gusseisen-Signature-Flachgrill, bis er heiß ist. Die Steaks auf mittlerer bis hoher Stufe 3–4 Minuten scharf anbraten. Wenden und weitere 3 Minuten garen, oder bis es nach Wunsch fertig ist. Vor dem Schneiden 5-7 Minuten ruhen lassen.

e) Alle Salatzutaten außer den Sesamkörnern in eine große Schüssel geben. Die beiseite gestellte Marinade dazugeben und leicht umrühren, bis alles bedeckt ist. Den Salat auf einen Servierteller geben. Das geschnittene Steak auf dem Salat anrichten. Mit Sesam bestreuen und das Cashew-Dressing dazu servieren.

59. Kürbis-Goji-Schalen

ZUTATEN:

- 2 mittelgroße Eichelkürbis
- 4 Teelöffel Kokosöl
- 1 Esslöffel Ahornsirup oder brauner Zucker
- 1 Teelöffel Garam Masala
- Feines Meersalz
- 2 Tassen griechischer Naturjoghurt
- Granola
- Goji-Beeren
- Granatapfelkerne
- Gehackte Pekannüsse
- Geröstete Kürbiskerne
- Nussbutter
- Hanfsamen

ANWEISUNGEN:

a) Heizen Sie den Ofen auf 375 °F vor.
b) Den Kürbis vom Stiel bis zur Unterseite halbieren. Die Kerne herauslöffeln und entsorgen. Das Fruchtfleisch jeder Hälfte mit Öl und Ahornsirup bestreichen und anschließend mit Garam Masala und einer Prise Meersalz bestreuen. Legen Sie den Kürbis mit der Schnittseite nach unten auf ein Backblech mit Rand. 35 bis 40 Minuten backen, bis es weich ist.
c) Den Kürbis umdrehen und etwas abkühlen lassen.
d) Zum Servieren jede Kürbishälfte mit Joghurt und Müsli füllen. Mit Goji-Beeren, Granatapfelkernen, Pekannüssen und Kürbiskernen belegen, mit Nussbutter beträufeln und mit Hanfsamen bestreuen.

60. Goji-Superfood-Joghurt-Bowl

ZUTATEN:
- 1 Tasse griechischer Joghurt
- 1 Teelöffel Kakaopulver
- ½ Teelöffel Vanille
- Granatapfelsamen
- Hanfsamen
- Chiasamen
- Goji-Beeren
- Blaubeeren

ANWEISUNGEN:
a) Alle Zutaten in einer Schüssel vermischen.

61. Goji-Beeren-Smoothie-Bowl

ZUTATEN:
- 1/2 Tasse gefrorene gemischte Beeren
- 1/2 gefrorene Banane
- 1/2 Tasse Mandelmilch
- 1/4 Tasse Goji-Beeren
- Belag: Bananenscheiben, frische Beeren, Kokosraspeln und Müsli.

ANWEISUNGEN:

Die gefrorenen gemischten Beeren, die gefrorene Banane, die Mandelmilch und die Goji-Beeren in einem Mixer glatt rühren. Gießen Sie die Mischung in eine Schüssel und fügen Sie die Toppings hinzu.

62. Goji-Beeren-Haferflocken-Bowl

ZUTATEN:
- 1 Tasse gekochte Haferflocken
- 1/4 Tasse Goji-Beeren
- 1 EL Chiasamen
- 1 EL Honig
- Belag: Bananenscheiben und frische Beeren.

ANWEISUNGEN:

a) Mischen Sie die gekochten Haferflocken, Goji-Beeren, Chiasamen und Honig in einer Schüssel.
b) Mit Bananenscheiben und frischen Beeren belegen.

63. Goji-Beeren-Chia-Pudding-Schüssel

ZUTATEN:
- 1/2 Tasse Chiasamen
- 1 1/2 Tassen Mandelmilch
- 1/4 Tasse Goji-Beeren
- 1 EL Honig
- Belag: Bananenscheiben und frische Beeren.

ANWEISUNGEN:
a) Chiasamen, Mandelmilch, Goji-Beeren und Honig in einer Schüssel vermischen.
b) Mindestens 1 Stunde oder über Nacht im Kühlschrank ruhen lassen.
c) Mit Bananenscheiben und frischen Beeren belegen.

64. Tropische Smoothie-Bowl mit Goji-Beeren

ZUTATEN:
- 1 Tasse gefrorene gemischte tropische Früchte
- 1/2 gefrorene Banane
- 1/2 Tasse Kokosmilch
- 1/4 Tasse Goji-Beeren
- Belag: Bananenscheiben, frische Beeren, Kokosraspeln und Müsli.

ANWEISUNGEN:

Die gefrorenen tropischen Früchte, die gefrorene Banane, die Kokosmilch und die Goji-Beeren in einem Mixer glatt rühren. Gießen Sie die Mischung in eine Schüssel und fügen Sie die Toppings hinzu.

GEGRILLTE OBSTSCHALEN

65. Schüssel mit gegrillter Birne und Blauschimmelkäse

ZUTATEN:
- 30 Gramm Butter; (1 Unze)
- 4 weiche Dessertbirnen
- 175 Gramm Dolcelatte-Käse; (6 Unzen)
- Gemischte Salatblätter
- Salz und schwarzer Pfeffer
- Vinaigrette

ANWEISUNGEN:
a) Den Grill vorheizen.
b) Butter schmelzen und leicht würzen. Die Birnen halbieren, das Kerngehäuse herausnehmen und das Fruchtfleisch in Fächer schneiden, dabei die Stielenden ungeschnitten lassen.
c) Drücken Sie leicht auf die Fächer, um die Früchte flach zu machen, und bestreichen Sie sie mit der gewürzten Butter.
d) Unter dem Grill garen, bis es braun ist.
e) Den Käse segmentieren oder würfeln und die Stücke auf die Birnen verteilen, dabei den Käse langsam darauf häufen.
f) Zurück auf den Herd stellen und kochen, bis der Käse Blasen wirft.
g) In der Zwischenzeit die Blätter anrichten und auf jedem der vier Teller anrichten.
h) Heben Sie die Birnen langsam aus der Grillpfanne und legen Sie 2 Hälften auf jeden Salatteller. Mit Salz und Pfeffer würzen und servieren

66. Gegrillte Wassermelonenschale

ZUTATEN:
- 4 dicke Scheiben Wassermelone, Schale entfernt
- 4 Tassen Rucola
- ½ Tasse zerbröckelter Feta-Käse
- ¼ Tasse gehackte Minzblätter
- ¼ Tasse Balsamico-Glasur

ANWEISUNGEN:
a) Den Grill auf hohe Hitze vorheizen.
b) Wassermelonenscheiben auf jeder Seite 1-2 Minuten grillen, bis sie leicht verkohlt sind.
c) Rucola auf einer Servierplatte anrichten.
d) Mit gegrillten Wassermelonenscheiben, zerbröckeltem Feta-Käse und gehackten Minzblättern belegen.
e) Mit Balsamico-Glasur beträufeln und servieren.

67. Schüssel mit gegrillten Pfirsichen und Rucola

ZUTATEN:
- 3 Pfirsiche, halbiert und entkernt
- 4 Tassen Rucola
- ¼ Tasse gehackte frische Minze
- ¼ Tasse zerbröckelter Feta-Käse
- 2 Esslöffel Balsamico-Essig
- 2 Esslöffel Olivenöl
- Salz und schwarzer Pfeffer

ANWEISUNGEN:
a) Den Grill auf mittlere bis hohe Hitze vorheizen.
b) Die Pfirsichhälften mit Olivenöl bestreichen und mit Salz und schwarzem Pfeffer würzen.
c) Die Pfirsichhälften auf jeder Seite 2-3 Minuten grillen oder bis Grillspuren entstehen.
d) Vom Grill nehmen und abkühlen lassen.
e) Die gegrillten Pfirsiche in mundgerechte Stücke schneiden.
f) In einer großen Schüssel Rucola, gegrillte Pfirsichstücke, gehackte Minze und zerbröckelten Feta-Käse vermischen.
g) In einer kleinen Schüssel Balsamico-Essig und Olivenöl verrühren.
h) Die Balsamico-Vinaigrette über den Salat träufeln und vermengen.
i) Mit Salz und schwarzem Pfeffer abschmecken.
j) Sofort servieren.

68. Gegrillte Ananas-Avocado-Schüssel

ZUTATEN:
- 1 frische Ananas, geschält und entkernt
- 2 Avocados, entkernt und in Scheiben geschnitten
- 4 Tassen gemischtes Grün
- ¼ Tasse gehackter frischer Koriander
- 2 Esslöffel Limettensaft
- 2 Esslöffel Olivenöl
- Salz und schwarzer Pfeffer

ANWEISUNGEN:
a) Schneiden Sie die Ananas in 1-Zoll-Runden.
b) Die Ananasscheiben mit Olivenöl bestreichen und mit Salz und schwarzem Pfeffer würzen.
c) Den Grill auf mittlere bis hohe Hitze vorheizen.
d) Die Ananasscheiben auf jeder Seite 2–3 Minuten grillen, bis sie leicht verkohlt sind.
e) Vom Grill nehmen und abkühlen lassen.
f) Die gegrillte Ananas in mundgerechte Stücke schneiden.
g) In einer großen Schüssel das gemischte Gemüse, die gegrillten Ananasstücke, die geschnittenen Avocados und den gehackten Koriander vermischen.
h) In einer kleinen Schüssel Limettensaft und Olivenöl verrühren.
i) Das Limettendressing über den Salat träufeln und vermischen.
j) Mit Salz und schwarzem Pfeffer abschmecken.
k) Sofort servieren.

69. Gegrillte Obstschale aus Stein

ZUTATEN:
- 2 Pfirsiche, halbiert und entkernt
- 2 Nektarinen, halbiert und entkernt
- 2 Pflaumen, halbiert und entkernt
- 2 Esslöffel Olivenöl
- 1 Esslöffel Honig
- 2 Esslöffel gehacktes frisches Basilikum
- 2 Esslöffel zerbröselter Ziegenkäse
- Salz und schwarzer Pfeffer

ANWEISUNGEN:
a) Den Grill auf mittlere bis hohe Hitze vorheizen.
b) Die halbierten Steinfrüchte mit Olivenöl bestreichen.
c) Die Steinfrüchte auf jeder Seite 2–3 Minuten grillen, bis sie leicht verkohlt sind.
d) Vom Grill nehmen und abkühlen lassen.
e) Die gegrillten Steinfrüchte in mundgerechte Stücke schneiden.
f) In einer großen Schüssel die gegrillten Steinfrüchte, den Honig, das gehackte Basilikum und den zerbröselten Ziegenkäse vermischen.
g) Mit Salz und schwarzem Pfeffer abschmecken.
h) Gekühlt servieren.

70. Schüssel mit gegrillten Pfirsichen und Prosciutto

ZUTATEN:
- 4 Pfirsiche, halbiert und entkernt
- 4 Scheiben Prosciutto
- 4 Tassen Babyspinat
- ¼ Tasse zerbröselter Ziegenkäse
- 2 Esslöffel Olivenöl
- 2 Esslöffel Balsamico-Glasur
- Salz und schwarzer Pfeffer

ANWEISUNGEN:
a) Den Grill auf mittlere bis hohe Hitze vorheizen.
b) Die Pfirsichhälften mit Olivenöl bestreichen und mit Salz und schwarzem Pfeffer würzen.
c) Die Pfirsichhälften auf jeder Seite 2–3 Minuten grillen, bis sie leicht verkohlt sind.
d) Vom Grill nehmen und abkühlen lassen.
e) Um jede Pfirsichhälfte eine Scheibe Prosciutto wickeln.
f) In einer großen Schüssel den Babyspinat, den zerbröckelten Ziegenkäse und die gegrillten Pfirsichhälften vermengen.
g) Balsamico-Glasur über den Salat träufeln und vermengen.
h) Gekühlt servieren.

71. Schüssel mit gegrillter Ananas und Garnelen

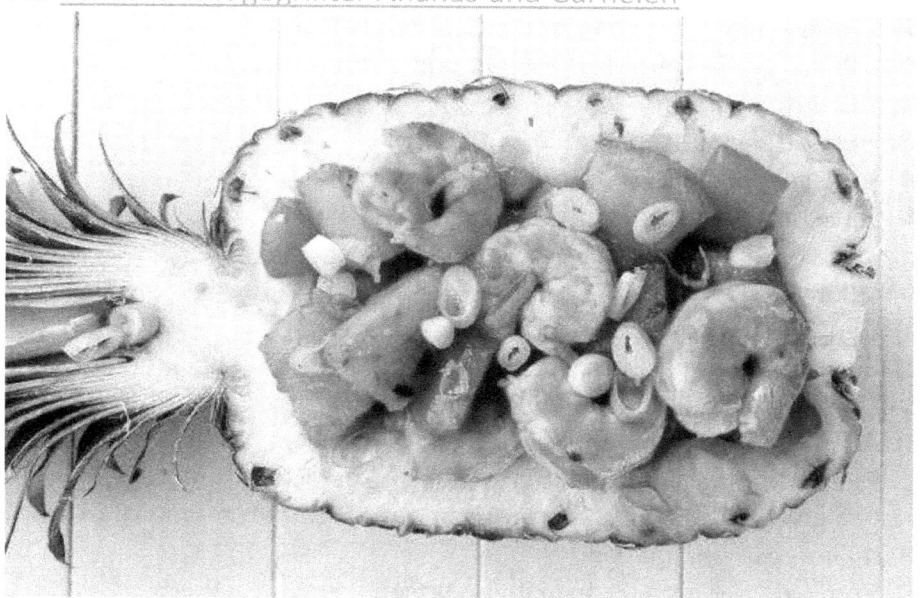

ZUTATEN:
- 1 reife Ananas, geschält und in Stücke geschnitten
- 1 Pfund große Garnele, geschält und entdarmt
- 2 Esslöffel Olivenöl
- 2 Esslöffel Limettensaft
- ¼ Tasse gehackter frischer Koriander
- Salz und schwarzer Pfeffer

ANWEISUNGEN:
a) Den Grill auf mittlere bis hohe Hitze vorheizen.
b) In einer kleinen Schüssel Olivenöl, Limettensaft, gehackten Koriander, Salz und schwarzen Pfeffer vermischen.
c) Ananasstücke und Garnelen auf Spieße stecken.
d) Die Spieße mit der Olivenölmischung bestreichen.
e) Grillen Sie die Spieße auf jeder Seite 2-3 Minuten lang oder bis die Garnelen rosa und gar sind.
f) Vom Grill nehmen und abkühlen lassen.
g) Die gegrillte Ananas in mundgerechte Stücke schneiden.
h) In einer großen Schüssel die gegrillte Ananas, die Garnelen und die restliche Olivenölmischung vermengen.
i) Gekühlt servieren.

72. Gegrillte Feige und Halloumi-Bowl

ZUTATEN:
- 6 reife Feigen, halbiert
- 8 Unzen Halloumi-Käse, in Scheiben geschnitten
- 4 Tassen gemischtes Grün
- ¼ Tasse gehackte frische Petersilie
- ¼ Tasse gehackte Walnüsse
- 2 Esslöffel Honig
- 2 Esslöffel Olivenöl
- 2 Esslöffel Rotweinessig
- Salz und schwarzer Pfeffer

ANWEISUNGEN:
a) Den Grill auf mittlere bis hohe Hitze vorheizen.
b) Die Feigenhälften und Halloumi-Scheiben mit Olivenöl bestreichen und mit Salz und schwarzem Pfeffer würzen.
c) Feigen und Halloumi auf jeder Seite 2–3 Minuten grillen, bis sie leicht verkohlt sind.
d) Vom Grill nehmen und abkühlen lassen.
e) In einer großen Schüssel das gemischte Gemüse, die gehackte Petersilie, die gehackten Walnüsse, die gegrillten Feigen und den gegrillten Halloumi vermischen.

73. Gegrillte Limettenbananen

ZUTATEN:

- 2 oder 3 Limetten
- 2 Esslöffel hellbrauner Zucker
- 1/3 Tasse Wasser
- reife Bananen
- 2 Esslöffel vegane Margarine
- 2 Esslöffel zerstoßene ungesalzene gegrillte Cashewnüsse oder Erdnüsse
- 2 Esslöffel geraspelte, gesüßte Kokosnuss

ANWEISUNGEN:

a) Erhitzen Sie den Grill auf 350 °F. Mit einem Schlitzschneider 4 lange Schalenstreifen von den Limetten abtrennen. Drehen Sie die Streifen und legen Sie sie beiseite, um sie als Garnitur zu verwenden.

b) Entsaften Sie die Limetten und reiben Sie sie ab. Machen Sie daraus: 2 Esslöffel Saft und 1 Teelöffel feine Schale. Beiseite legen.

c) In einem kleinen Topf Zucker und Wasser vermischen und zum Kochen bringen. Reduzieren Sie die Hitze auf eine niedrige Stufe und köcheln Sie 30 Sekunden lang unter Rühren, um den Zucker aufzulösen.

d) Vom Herd nehmen und den beiseite gestellten Limettensaft und -schale hinzufügen. Beiseite legen.

e) Schneiden Sie die Bananen der Länge nach in kleine Stücke und legen Sie sie in eine flache Auflaufform (eine ovale Auflaufform eignet sich gut).

f) Den Zuckersirup darübergießen und mit Margarinestückchen bestreuen. Mit Cashewkernen und Kokosnuss bestreuen und 20 Minuten backen, dabei gelegentlich begießen.

g) Mit reservierten Limettenscheiben garniert servieren.

74. Gegrilltes Obst mit Mango-Relish

ZUTATEN:
- 1 Banane, diagonal segmentiert
- 1 Apfel, in Achtel geschnitten
- 4 Esslöffel konservierter Ingwersirup
- 2 Esslöffel Reisweinessig
- 2 Esslöffel gewürfelter Koriander
- 2 Esslöffel Olivenöl

MANGO-RELISH:
- 1 Mango, gewürfelt
- 1 Esslöffel gewürfelte Schalotte
- 1 Esslöffel gewürfelte Minze
- 1 Teelöffel Pflanzenöl
- Salz und Pfeffer

ANWEISUNGEN:
a) Bananen und Äpfel auf getränkte Holzspieße stecken.
b) Ingwersirup, Essig, Koriander und Öl mischen.
c) Grillen Sie die Spieße und bestreichen Sie sie dabei häufig mit der Ingwersirupmischung, bis sie leicht gebräunt und knusprig sind.
d) Relish-Zutaten vermischen und zum Portionieren in eine hübsche Schüssel geben.
e) Warm servieren.

75. Gegrillter Obstteller

ZUTATEN:
- ½ Tasse weißer Traubensaft
- ¼ Tasse Zucker
- 1 Ananas, geschält, entkernt und in ½ Zoll große Stücke geschnitten
- 2 reife schwarze oder violette Pflaumen, halbiert und entsteint
- 2 reife Pfirsiche, halbiert und entkernt
- 2 reife Bananen, der Länge nach halbiert

ANWEISUNGEN:
a) Den Grill vorheizen. In einem kleinen Topf den Traubensaft und den Zucker bei mittlerer Hitze unter Rühren erhitzen, bis sich der Zucker aufgelöst hat. Vom Herd nehmen und zum Abkühlen beiseite stellen.
b) Übertragen Sie die Früchte auf den heißen Grill und grillen Sie sie je nach Frucht 2 bis 4 Minuten lang.
c) Die gegrillten Früchte auf einer Servierplatte anrichten und mit dem Sirup beträufeln. Bei Zimmertemperatur servieren.

76. Gegrilltes Curry mit frischem Obst

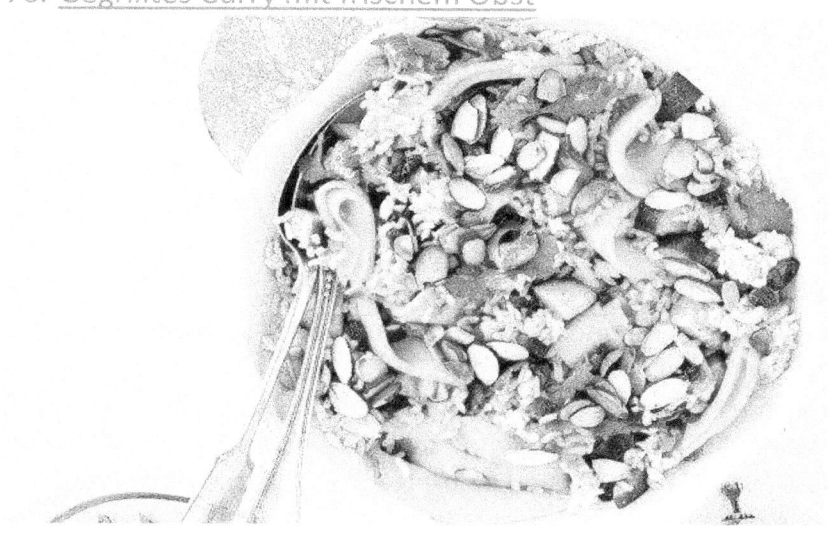

ZUTATEN:

- Vanille-Eiscreme
- Jeweils 1 Tasse Cantaloupe- und Honigmelonenbällchen
- 1 Tasse Ananaswürfel, frisch oder aus der Dose, abgetropft
- 2 Esslöffel Butter
- ¼ Tasse brauner Zucker
- 1 Esslöffel Currypulver

ANWEISUNGEN:

a) Ordnen Sie Melonenbällchen und Ananasstücke in einer quadratischen 8-Zoll-Folienpfanne an.

b) Gießen Sie 1 Tasse Wasser in eine andere quadratische 8-Zoll-Folienpfanne. Stellen Sie die Pfanne mit den Früchten in die Pfanne mit dem Wasser. In einem kleinen Topf Butter bei mäßiger Hitze schmelzen, Zucker und Currypulver einrühren.

c) Die Buttermischung gleichmäßig über die Früchte verteilen

d) Stellen Sie die Pfannen auf den Grill.

e) Bei mäßiger Hitze etwa 10–15 Minuten grillen, bis die Soße Blasen bildet

77. Gegrillte Mango-Salsa

ZUTATEN:

- 2 reife Mangos, geschält und gewürfelt
- ½ rote Zwiebel, fein gehackt
- 1 Jalapeño-Pfeffer, entkernt und fein gehackt
- ¼ Tasse gehackter frischer Koriander
- 2 Esslöffel Limettensaft
- 1 Esslöffel Olivenöl
- Salz und schwarzer Pfeffer

ANWEISUNGEN:

a) Den Grill auf mittlere bis hohe Hitze vorheizen.
b) Die Mangostücke mit Olivenöl bestreichen und mit Salz und schwarzem Pfeffer würzen.
c) Die Mangostücke auf jeder Seite 2-3 Minuten grillen oder bis Grillspuren entstehen.
d) Vom Grill nehmen und abkühlen lassen.
e) In einer mittelgroßen Schüssel gegrillte Mango, rote Zwiebel, Jalapeño-Pfeffer, Koriander, Limettensaft und Olivenöl vermischen.
f) Mit Salz und schwarzem Pfeffer abschmecken.
g) Mit Tortillachips oder als Belag für gegrilltes Hähnchen oder Fisch servieren.

GRÜNE SCHALEN

78. Grüne Açaí-Schüssel mit Früchten und Beeren

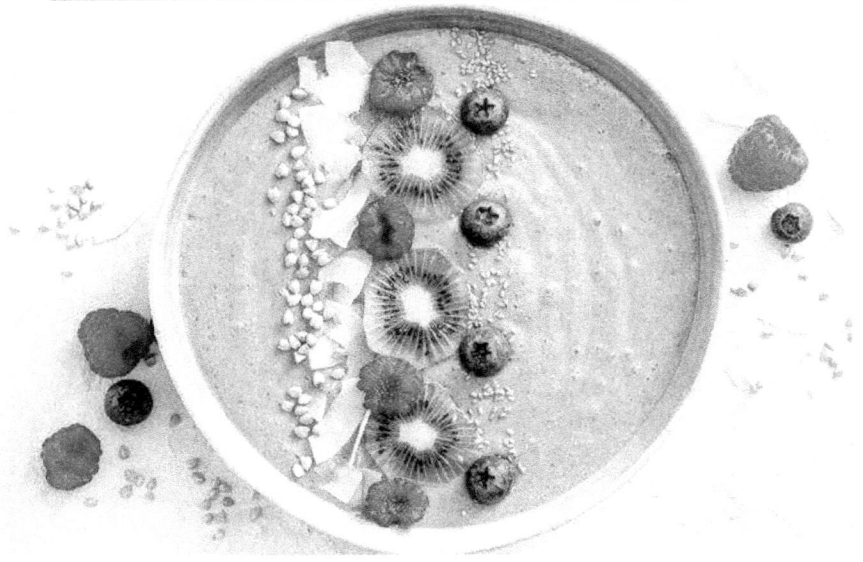

ZUTATEN:
- ½ Açaí-Püree
- ⅛ Tasse Schokoladen-Hanfmilch
- ½ Banane
- 2 Esslöffel Hanfproteinpulver
- 1 Teelöffel Maca
- Belag: Frisches Obst der Saison, Hanfsamen, frische Banane, goldene Beeren. Weiße Maulbeeren, Goji-Beeren, Kiwi

ANWEISUNGEN:
a) Alles in den Mixer geben, richtig dick pürieren – bei Bedarf noch mehr Flüssigkeit hinzufügen – und dann in eine Schüssel füllen.
b) Mit Obst und allem, was Ihnen sonst noch schmeckt, belegen!

79. Grüne Göttinnenschale

ZUTATEN:
- 1 gefrorene Banane
- 1/2 Tasse gefrorene Ananas
- 1/2 Tasse Spinat
- 1/2 Tasse Kokoswasser
- Belag: Bananenscheiben, frische Beeren und Müsli.

ANWEISUNGEN:
a) Die gefrorene Banane, die gefrorene Ananas, den Spinat und das Kokoswasser in einem Mixer glatt rühren.
b) Gießen Sie die Mischung in eine Schüssel und fügen Sie die Toppings hinzu.

80. Green Power Bowl

ZUTATEN:
- 1/2 Tasse gefrorene gemischte tropische Früchte
- 1/2 gefrorene Banane
- 1/2 Tasse Grünkohl
- 1/2 Tasse Kokoswasser
- Belag: Bananenscheiben, frische Beeren und Müsli.

ANWEISUNGEN:

a) Die gefrorenen tropischen Früchte, die gefrorene Banane, den Grünkohl und das Kokoswasser in einem Mixer glatt rühren.

b) Gießen Sie die Mischung in eine Schüssel und fügen Sie die Toppings hinzu.

81. Grüne Avocadoschale

ZUTATEN:
- 1/2 Avocado
- 1/2 Tasse gefrorene Ananas
- 1/2 Tasse Spinat
- 1/2 Tasse Kokoswasser
- Belag: Bananenscheiben, frische Beeren und Müsli.

ANWEISUNGEN:

a) Avocado, gefrorene Ananas, Spinat und Kokoswasser in einem Mixer glatt rühren.

b) Gießen Sie die Mischung in eine Schüssel und fügen Sie die Toppings hinzu.

82. Grüne Matcha-Schüssel

ZUTATEN:

- 1 gefrorene Banane
- 1/2 Tasse gefrorene gemischte Beeren
- 1 TL Matcha-Pulver
- 1/2 Tasse Mandelmilch
- Belag: Bananenscheiben, frische Beeren und Müsli.

ANWEISUNGEN:

a) Die gefrorene Banane, die gefrorene Beerenmischung, das Matcha-Pulver und die Mandelmilch in einem Mixer glatt rühren.

b) Gießen Sie die Mischung in eine Schüssel und fügen Sie die Toppings hinzu.

PROTEINSCHALEN

83. Erdnussbutter-Bananen-Bowl

ZUTATEN:
- 1 Banane, in Scheiben geschnitten
- 1/4 Tasse Erdnussbutter
- 1/4 Tasse gehackte Erdnüsse
- 1 EL Honig
- 1/4 Tasse Müsli

ANWEISUNGEN:

a) Die Bananenscheiben in einer Schüssel anrichten. Die Erdnussbutter 10 Sekunden lang in der Mikrowelle erhitzen, damit sie leichter beträufelt werden kann. Die Erdnussbutter über die Bananen träufeln und dann mit gehackten Erdnüssen, Honig und Müsli belegen.

84. Schokoladen-Protein-Bowl

ZUTATEN:
- 1 Messlöffel Schokoladenproteinpulver
- 1 Tasse Mandelmilch
- 1 Banane, in Scheiben geschnitten
- 1 EL Chiasamen
- Belag: gehobelte Mandeln und Kokosraspeln

ANWEISUNGEN:

a) Proteinpulver und Mandelmilch in einer Schüssel vermischen. Mit Bananenscheiben, Chiasamen, Mandelblättchen und Kokosraspeln belegen.

85. Hüttenkäse-Obstschale

ZUTATEN:
- 1 Tasse Hüttenkäse
- 1/2 Tasse geschnittene Pfirsiche
- 1/2 Tasse geschnittene Erdbeeren
- 1/4 Tasse gehackte Walnüsse
- 1 EL Honig

ANWEISUNGEN:
a) Hüttenkäse und Honig in einer Schüssel vermischen.
b) Mit geschnittenen Pfirsichen, geschnittenen Erdbeeren und gehackten Walnüssen belegen.

86. Tofu-Beerenschale

ZUTATEN:
- 1/2 Tasse Seidentofu
- 1/2 Tasse gemischte Beeren (Blaubeeren, Himbeeren, Erdbeeren)
- 1 EL Honig
- 1/4 Tasse Müsli

ANWEISUNGEN:
a) Seidentofu und Honig in einem Mixer glatt rühren.
b) Mit gemischten Beeren und Müsli belegen.

87. Tropische Protein-Obstschale

ZUTATEN:
- 1 Tasse griechischer Joghurt
- 1/2 Tasse gewürfelte Ananas
- 1/2 Tasse gewürfelte Mango
- 1/4 Tasse geschnittene Banane
- 2 Esslöffel Kokosraspeln
- 2 Esslöffel gehackte Mandeln

ANWEISUNGEN:
a) Geben Sie den griechischen Joghurt als Basis in eine Schüssel.
b) Die gewürfelte Ananas, die Mango und die Bananenscheiben auf dem Joghurt anrichten.
c) Streuen Sie Kokosraspeln und gehackte Mandeln über die Früchte.
d) Gekühlt servieren und genießen!

88. Berry Blast Protein-Obstschale

ZUTATEN:
- 1 Tasse Hüttenkäse
- 1/2 Tasse gemischte Beeren (wie Acai, Erdbeeren, Blaubeeren und Himbeeren)
- 1/4 Tasse Müsli
- 1 Esslöffel Chiasamen
- 1 Esslöffel Honig (optional)

ANWEISUNGEN:
a) Den Hüttenkäse als Basis in eine Schüssel geben.
b) Die gemischten Beeren über den Hüttenkäse streuen.
c) Streuen Sie das Müsli und die Chiasamen über die Beeren.
d) Für noch mehr Süße nach Belieben Honig über die Schüssel träufeln.
e) Servieren und genießen Sie die Beerenköstlichkeit!

89. Schokoladen-Erdnussbutter-Protein-Obstschale

ZUTATEN:
- 1 Tasse Naturjoghurt
- 1/4 Tasse geschnittene Erdbeeren
- 1/4 Tasse geschnittene Bananen
- 2 Esslöffel Erdnussbutter
- 1 Esslöffel Kakaopulver
- 1 Esslöffel Honig (optional)
- 1 Esslöffel zerstoßene Erdnüsse

ANWEISUNGEN:
a) In einer Schüssel den Naturjoghurt als Basis verteilen.
b) Die geschnittenen Erdbeeren und Bananen auf dem Joghurt anrichten.
c) In einer kleinen mikrowellengeeigneten Schüssel Erdnussbutter und Kakaopulver vermischen. Einige Sekunden lang in der Mikrowelle erhitzen, um die Mischung weicher zu machen.
d) Die Erdnussbutter-Kakao-Mischung über die Früchte träufeln.
e) Fügen Sie nach Wunsch Honig für zusätzliche Süße hinzu.
f) Zerkleinerte Erdnüsse über die Schüssel streuen.
g) Genießen Sie die köstliche Kombination aus Schokolade, Erdnussbutter und Obst!

BUDHHA-SCHALEN

90. Buddha-Beerenschale

ZUTATEN:
- 1/2 Tasse gefrorene gemischte Beeren
- 1/2 gefrorene Banane
- 1/2 Tasse griechischer Joghurt
- 1/4 Tasse Müsli
- Belag: Bananenscheiben, frische Beeren und Kokosraspeln.

ANWEISUNGEN:

a) Mischen Sie die gefrorenen gemischten Beeren, die gefrorene Banane, den griechischen Joghurt und das Müsli in einer Schüssel.

b) Mit Bananenscheiben, frischen Beeren und Kokosraspeln belegen.

91. Buddha Grüne Obstschale

ZUTATEN:
- 1/2 Tasse gefrorene Ananas
- 1/2 gefrorene Banane
- 1/2 Tasse Spinat
- 1/2 Tasse Mandelmilch
- 1 EL Honig
- Belag: Bananenscheiben, frische Beeren und Müsli.

ANWEISUNGEN:

a) Die gefrorene Ananas, die gefrorene Banane, den Spinat, die Mandelmilch und den Honig in einem Mixer glatt rühren.

b) Gießen Sie die Mischung in eine Schüssel und fügen Sie die Toppings hinzu.

92. Buddha Tropische Obstschale

ZUTATEN:
- 1/2 Tasse gefrorene gemischte tropische Früchte
- 1/2 gefrorene Banane
- 1/2 Tasse Kokoswasser
- 1 EL Chiasamen
- Belag: Bananenscheiben, frische Beeren und Müsli

ANWEISUNGEN:

a) Die gefrorenen tropischen Früchte, die gefrorene Banane, das Kokoswasser und die Chiasamen in einem Mixer glatt rühren.

b) Gießen Sie die Mischung in eine Schüssel und fügen Sie die Toppings hinzu.

93. Buddha Erdnussbutter-Bananenschale

ZUTATEN:
- 1/2 Tasse griechischer Joghurt
- 1/4 Tasse Erdnussbutter
- 1/2 gefrorene Banane
- 1/4 Tasse Müsli
- Belag: Bananenscheiben und frische Beeren.

ANWEISUNGEN:
a) Mischen Sie griechischen Joghurt, Erdnussbutter, gefrorene Banane und Müsli in einer Schüssel.
b) Mit Bananenscheiben und frischen Beeren belegen.

94. Buddha-Schokoladenschale

ZUTATEN:
- 1/2 Tasse gefrorene gemischte Beeren
- 1/2 gefrorene Banane
- 1/2 Tasse Mandelmilch
- 1 EL Kakaopulver
- Belag: Bananenscheiben, frische Beeren und Müsli.

ANWEISUNGEN:

a) Die gefrorenen gemischten Beeren, die gefrorene Banane, die Mandelmilch und das Kakaopulver in einem Mixer glatt rühren.

b) Gießen Sie die Mischung in eine Schüssel und fügen Sie die Toppings hinzu.

95. Apfelkuchen-Farro-Frühstücksschalen

ZUTATEN:

- 2 Äpfel, gehackt, geteilt
- 1 Tasse (165 g) perlmuttfarbener Farro
- 4 Tassen (940 ml) Wasser
- 1½ Tassen (355 ml) Milch (Milchmilch oder milchfrei)
- 1 Teelöffel (2 g) gemahlener Zimt
- ½ Teelöffel gemahlener Ingwer
- $^1/_8$ Teelöffel Piment
- Feines Meersalz
- 2 Esslöffel (30 ml) Ahornsirup, Honig oder Agave
- ½ Teelöffel Vanilleextrakt
- Geröstete Pekannüsse
- Rosinen
- Geröstete Kürbiskerne
- Hanfsamen

ANWEISUNGEN:

a) Einen der gehackten Äpfel zusammen mit Farro, Wasser, Milch, Zimt, Ingwer, Piment und einer Prise Salz in einen mittelgroßen Topf geben und verrühren. Zum Kochen bringen. Reduzieren Sie die Hitze auf eine niedrige Stufe, decken Sie das Ganze ab und lassen Sie es unter gelegentlichem Rühren 30 bis 35 Minuten köcheln, bis es weich ist. Es wird nicht die gesamte Flüssigkeit aufgesaugt. Vom Herd nehmen, Ahornsirup, Honig oder Agavensirup und Vanille einrühren, dann zugedeckt 5 Minuten dämpfen.

b) Zum Servieren den Farro auf Schüsseln verteilen. Den restlichen Apfel hinzufügen und mit Pekannüssen, Rosinen, Kürbiskernen und Hanfsamen belegen.

96. Granatapfel- und Freekeh-Tabouleh-Schalen

ZUTATEN:

- ¾ Tasse (125 g) gebrochenes Freekeh
- 2 Tassen (470 ml) Wasser
- Feines Meersalz und frisch gemahlener schwarzer Pfeffer
- 1 knackiger Apfel, entkernt und gewürfelt, geteilt
- 1 Tasse (120 g) Granatapfelkerne
- ½ Tasse (24 g) gehackte frische Minze
- 1 Esslöffel (15 ml) natives Olivenöl extra
- 1½ Esslöffel (23 ml) Orangenblütenwasser
- 2 Tassen (480 g) griechischer Naturjoghurt
- Geröstete, ungesalzene Mandeln, gehackt

ANWEISUNGEN:

a) Freekeh, Wasser und eine Prise Salz in einem mittelgroßen Topf vermischen. Zum Kochen bringen, dann die Hitze reduzieren und unter gelegentlichem Rühren 15 Minuten köcheln lassen, bis die gesamte Flüssigkeit aufgesogen und das Freekeh zart ist. Vom Herd nehmen, einen Deckel auflegen und etwa 5 Minuten dämpfen. Geben Sie das Freekeh in eine Schüssel und lassen Sie es vollständig abkühlen.

b) Die Hälfte des Apfels und des Granatapfels, Minze, Olivenöl und ein paar Pfefferkörner zum Freekeh geben und gut verrühren.

c) Das Orangenblütenwasser in den Joghurt einrühren, bis alles gut vermischt ist.

d) Zum Servieren das Freekeh auf Schüsseln verteilen. Mit dem Orangenjoghurt, dem restlichen Apfel und den Mandeln belegen.

97. Vitamin-C-Papaya-Schalen

ZUTATEN:

- 4 Esslöffel (40 g) Amaranth, geteilt
- 2 kleine reife Papayas (je etwa 1 Pfund oder 455 g)
- 2 Tassen (480 g) Kokosjoghurt
- 2 Kiwis, geschält und gewürfelt
- 1 große rosa Grapefruit, geschält und segmentiert
- 1 große Nabelorange, geschält und segmentiert
- Hanfsamen
- Schwarze Sesamsamen

ANWEISUNGEN:

a) Erhitzen Sie einen hohen, breiten Topf mehrere Minuten lang bei mittlerer bis hoher Hitze. Überprüfen Sie, ob die Pfanne heiß genug ist, indem Sie ein paar Amaranthkörner hinzufügen. Sie sollten innerhalb weniger Sekunden zittern und platzen. Wenn nicht, erhitzen Sie die Pfanne noch eine Minute und testen Sie es erneut. Wenn die Pfanne heiß genug ist, 1 Esslöffel (10 g) Amaranth hinzufügen. Die Körner sollten innerhalb weniger Sekunden anfangen zu platzen. Decken Sie den Topf ab und schütteln Sie ihn gelegentlich, bis alle Körner aufgeplatzt sind. Gießen Sie den gepoppten Amaranth in eine Schüssel und wiederholen Sie den Vorgang mit dem restlichen Amaranth, jeweils 1 Esslöffel (10 g).

b) Schneiden Sie die Papayas der Länge nach vom Stiel bis zum Schwanz in zwei Hälften, entfernen Sie dann die Kerne und entsorgen Sie sie. Füllen Sie jede Hälfte mit gepopptem Amaranth und Kokosjoghurt. Mit Kiwi-, Grapefruit- und Orangenstücken belegen und mit Hanfsamen und Sesamkörnern bestreuen.

98. Frühstücksschalen mit Brombeerhirse

ZUTATEN:
- 1 Tasse (165 g) ungekochte Hirse
- 2 Tassen (470 ml) Milch (Milchmilch oder milchfrei)
- 1½ Tassen (355 ml) Wasser
- 1½ Tassen (220 g) Brombeeren, geteilt
- ½ Teelöffel gemahlener Ingwer
- Feines Meersalz
- 3 Esslöffel (60 g) Honig, plus mehr zum Bestreuen
- 1 Teelöffel (5 ml) Vanilleextrakt
- 2 Esslöffel (30 ml) frisch gepresster Zitronensaft
- 1 Tasse (240 g) griechischer Naturjoghurt
- Geröstete Walnüsse, gehackt
- Ungesüßte geröstete Kokosflocken

ANWEISUNGEN:

a) Hirse, Milch, Wasser, ½ Tasse (75 g) der Beeren, Ingwer und eine Prise Salz in einem mittelgroßen Topf vermischen. Zum Kochen bringen, dann die Hitze reduzieren, abdecken und etwa 15 Minuten köcheln lassen, bis die Flüssigkeit weich ist, aber noch nicht die gesamte Flüssigkeit aufgesogen ist. Gelegentlich umrühren und die Beeren mit einem Löffel zerkleinern, wenn sie weich werden.

b) Vom Herd nehmen und bei geschlossenem Deckel 5 Minuten dämpfen. Honig und Vanille unterrühren.

c) In der Zwischenzeit den Zitronensaft unter den Joghurt rühren.

d) Zum Servieren die Hirse auf Schüsseln verteilen. Mit der Joghurtmischung, der restlichen 1 Tasse (145 g) Brombeeren, Walnüssen, Kokosnuss und einem Schuss Honig belegen.

99. Granatapfel-Kürbis-Frühstücksschalen

ZUTATEN:

- 2 mittelgroße Eichelkürbis
- 4 Teelöffel (20 g) Kokosöl
- 1 Esslöffel (15 ml) Ahornsirup oder brauner Zucker
- 1 Teelöffel (2 g) Garam Masala
- Feines Meersalz
- 2 Tassen (480 g) griechischer Naturjoghurt
- Granola
- Goji-Beeren
- Granatapfelkerne
- Gehackte Pekannüsse
- Geröstete Kürbiskerne
- Nussbutter
- Hanfsamen

ANWEISUNGEN:

a) Heizen Sie den Ofen auf 190 °C oder Gas Stufe 5 vor.
b) Den Kürbis vom Stiel bis zur Unterseite halbieren. Die Kerne herauslöffeln und entsorgen. Das Fruchtfleisch jeder Hälfte mit Öl und Ahornsirup bestreichen und anschließend mit Garam Masala und einer Prise Meersalz bestreuen. Legen Sie den Kürbis mit der Schnittseite nach unten auf ein Backblech mit Rand. 35 bis 40 Minuten backen, bis es weich ist.
c) Den Kürbis umdrehen und etwas abkühlen lassen.
d) Zum Servieren jede Kürbishälfte mit Joghurt und Müsli füllen. Mit Goji-Beeren, Granatapfelkernen, Pekannüssen und Kürbiskernen belegen, mit Nussbutter beträufeln und mit Hanfsamen bestreuen.

100. Pinke Grapefruit-, Hühnchen- und Gerstenschalen

ZUTATEN:

- ¾ Tasse (125 g) Perlgerste
- 2¼ Tassen (530 ml) Wasser
- Koscheres Salz und frisch gemahlener schwarzer Pfeffer
- 3 mittelgroße Fenchelknollen, geputzt und in große Stücke geschnitten
- 2 Esslöffel (30 ml) Avocado- oder natives Olivenöl extra, geteilt, plus mehr für das Huhn
- ¼ Tasse (24 g) Dukkah
- 1 Pfund (455 g) Hähnchenbrust ohne Knochen und Haut
- 2 abgepackte Tassen (40 g) Rucola
- 1 rosa Grapefruit, geschält und segmentiert
- 2 Avocados, geschält, entkernt und gewürfelt
- 1 Rezept Zitronen-Tahini-Sauce
- Fenchelwedel zum Garnieren

ANWEISUNGEN:

a) Heizen Sie den Ofen auf 400 °F (200 °C oder Gas Stufe 6) vor.

b) Gerste, Wasser und eine großzügige Prise Salz in einem mittelgroßen Topf vermischen. Zum Kochen bringen, dann abdecken, die Hitze reduzieren und 30 bis 40 Minuten köcheln lassen, bis es weich ist.

c) Den Fenchel mit 1 Esslöffel (15 ml) Öl, Salz und Pfeffer vermischen. In einer einzigen Schicht auf einer Seite eines Backblechs mit Rand anordnen. 15 Minuten rösten, während Sie das Hähnchen zubereiten.

d) In der Zwischenzeit die Dukkah in eine flache Schüssel oder auf einen Teller geben. Das Hähnchen leicht mit Öl bestreichen und von allen Seiten mit Dukkah bestreichen. Den restlichen 1 Esslöffel (15 ml) Öl in einer großen Pfanne bei mittlerer bis hoher Hitze erhitzen. Fügen Sie das Huhn hinzu und braten Sie es 3 bis 4 Minuten pro Seite an, bis das Dukkah leicht gebräunt ist. Nehmen Sie das Backblech aus dem Ofen, rühren Sie den Fenchel um und legen Sie das Hähnchen auf die andere Seite. Weitergaren, bis das Hähnchen gar ist, je nach Dicke 6 bis 10 Minuten länger. Lassen Sie das Huhn einige Minuten ruhen und schneiden Sie es dann in Scheiben.

e) Zum Servieren Gerste und Rucola auf Schüsseln verteilen. Mit Hähnchenscheiben, Fenchel, Grapefruitstücken und Avocado belegen. Mit Zitronen-Tahini-Sauce beträufeln und mit Fenchelwedeln und einer zusätzlichen Prise Dukkah garnieren.

Weitere Möglichkeiten, Dukkah zu nutzen

Dukkah ist bemerkenswert vielseitig. Abgesehen von Hühnchen kann es zum Überziehen aller anderen Fleischsorten bis hin zu Fisch, Tofu und Tempeh verwendet werden. Streuen Sie es über eine Pfanne mit geröstetem Gemüse oder mischen Sie es mit dem auf dem Herd sautierten Gemüse.

ABSCHLUSS

Wir hoffen, dass es Ihnen Spaß gemacht hat, mit uns die Welt der Superfruit-Bowls zu erkunden! Die Einbeziehung dieser nährstoffreichen Schalen in Ihre Ernährung kann eine großartige Möglichkeit sein, Ihre Gesundheit und Ihr Wohlbefinden zu verbessern. Bei so vielen leckeren und einfach zuzubereitenden Rezepten gibt es keinen Grund, SUPERFRUCHT-SCHALEN nicht auszuprobieren. Egal, ob Sie ein schnelles und einfaches Frühstück, einen gesunden Snack oder ein leichtes Mittagessen suchen, diese Schüsseln sind die perfekte Lösung.

Denken Sie daran, die Zutaten zu mischen und aufeinander abzustimmen, um Ihre eigenen einzigartigen Superfruchtschalen zu kreieren. Scheuen Sie sich nicht, mit verschiedenen Früchten, Samen und Superfoods zu experimentieren, um die Kombination zu finden, die für Sie am besten geeignet ist. Und das Wichtigste: Viel Spaß und Freude auf dem Weg zu einem gesünderen Ich!

www.ingramcontent.com/pod-product-compliance
Lightning Source LLC
LaVergne TN
LVHW021708060526
838200LV00050B/2555